KK

Karteikarten

Sommer

Verwaltungsrecht AT 1

12. Auflage 2021

Alpmann Schmidt

Christian Sommer
Rechtsanwalt und Repetitor

Verwaltungsrecht AT 1

12., vollständig neu bearbeitete Auflage 2021

ISBN: 978-3-86752-744-6

Verlag: Alpmann und Schmidt Juristische Lehrgänge
Verlagsgesellschaft mbH & Co. KG, Münster

Inhaltsverzeichnis (1)

Definition Beachte Beispiel

Inhaltsverzeichnis (2)

Definition Beachte Beispiel

Inhaltsverzeichnis (3)

Definition Beachte Beispiel

Grundbegriffe des Verwaltungsrechts (1)

Verwaltung

➲ Staatstätigkeit, die weder Gesetzgebung (Legislative) noch Rechtsprechung (Judikative) ist, sog. Subtraktionsmethode

Formale Unterscheidung

Verwaltung im **organisatorischen** Sinn

➲ Einrichtungen, die Verwaltungsaufgaben wahrnehmen

Verwaltung im **formellen** Sinn

➲ alle Tätigkeiten von Verwaltungsorganen, unabhängig vom Inhalt

Verwaltung im **materiellen** Sinn

➲ alle typischen Verwaltungstätigkeiten

Materielle Unterscheidung

Ordnungsverwaltung

Abwehr von Gefahren für die öffentliche Sicherheit und Ordnung

Leistungsverwaltung

Erbringung von Leistungen, um die Lebensbedingungen zu gewährleisten oder zu verbessern

Finanzverwaltung

Beschaffung der für den Staat erforderlichen Geldmittel (Erhebung Steuern/sonst. Abgaben)

Fiskalverwaltung

Beschaffung der Mittel für Wahrnehmung von Verwaltungsaufgaben/Vermögensverwaltung

Grundbegriffe des Verwaltungsrechts (2)

Verwaltungsrecht enthält Voraussetzungen für Rechtmäßigkeit von hoheitlichen Maßnahmen

Allgemeines Verwaltungsrecht
unabhängig von Sachmaterie einschlägig

- Handlungsformen der Verwaltung
- Verwaltungsverfahren (VwVfG)
- Verwaltungsorganisation
- Allgemeine Rechtsgrundsätze
- Verwaltungsvollstreckung (VwVG)
- Staatshaftung

Besonderes Verwaltungsrecht
sachgebietsbezogene Normenkomplexe

- Baurecht (BauGB, LBauO)
- Gewerberecht (GewO)
- Immissionsschutzrecht (BImSchG)
- Versammlungsrecht (VersG)
- **u.v.m.**

⚠ Das Verwaltungsrecht spielt in beinahe jeder Klausur eine Rolle, die nicht aus den Bereichen Verfassungsrecht und Europarecht kommt!

Nicht unmittelbar zum Verwaltungsrecht gehören die Vorschriften über die Verwaltung der Bundesgesetze in den Art. 83 ff. GG, s. hierzu *Staatsorganisationsrecht!*

Grundbegriffe des Verwaltungsrechts (3)

Verwaltungsträger

- Träger der Aufgabenwahrnehmung: grds. Staat (unmittelbar/mittelbar), aber auch private Rechtsträger
- **Unmittelbare Staatsverwaltung** ➲ Wahrnehmung der Verwaltungsaufgaben durch eigene Organe (Bundes-/Landesbehörden); **Behörden** ➲ Organe, die Verwaltungsaufgaben ggü. Bürger wahrnehmen

	Unmittelbare Bundesverwaltung	Unmittelbare Landesverwaltung
Oberste Behörde	☞ BReg, BMin	☞ BReg, BMin
Oberbehörde	BMin nachgeordnet, zentral für Bundesgebiet, ☞ BKartAmt	Aufgaben zentral für Landesgebiet, ☞ LKA
Mittelbehörde	BMin nachgeordnet, Teil des Bundesgebiets	Aufgaben Teil des Landesgebiets, ☞ BezReg
Untere Behörde	Mittelbeh. nachgeordnet, best. Teil des Verw-Gebiets, ☞ Hauptzollamt	Mittelbeh. nachgeordnet, best. Teil des Verw-Gebiets, ☞ Landrat

Grundbegriffe des Verwaltungsrechts (4)

Verwaltungsträger (Fortsetzung)

- **Mittelbare Staatsverwaltung** ➲ Wahrnehmung der Verwaltungsaufgaben durch sonstige juristischen Personen des öffentlichen Rechts (außer Bund/Land)

Körperschaften	➲ durch staatlichen Hoheitsakt geschaffene rechtsfähige Personenzusammenschlüsse, die öffentl. Aufgaben wahrnehmen; Mitglieder haben wesentlichen Einfluss auf die Willensbildung; Bestand vom Wechsel der Mitglieder unabhängig ☞ Gemeinden (Gebietskörperschaft), Rechtsanwaltskammer (Personalkörperschaft), Handwerkskammer (Realkörperschaft)
Anstalten	➲ organisatorisch und rechtlich verselbstständigte Zusammenfassung von Sachmitteln und Personal zur Erfüllung einer öffentlichen Aufgabe; i.d.R. dem Bürger zur Benutzung zur Verfügung gestellt ☞ Sparkassen
Stiftungen	➲ rechtlich verselbstständigte Vermögensmasse zur Erfüllung einer öffentlich-rechtlichen Aufgabe ☞ Stiftung Hochschulzulassung

Grundbegriffe des Verwaltungsrechts (5)

Verwaltungsträger (Fortsetzung)

- **Aufgabenwahrnehmung durch private Rechtsträger:** grds. zulässig, Staat darf sich Aufgabe aber nicht völlig entledigen
  - Dient Aufgabenerfüllung unmittelbar öffentlichen Zwecken: Verwaltungsprivatrecht (s. 🗗 9)
  - Eingesetzt werden können:
    - Eigengesellschaften: juristische Personen des Privatrechts, an denen sich der Staat beteiligt (☞ Versorgungsbetrieb als „Stadtwerke GmbH")
    - Privatpersonen/sonst. juristische Personen des Privatrechts

  ⚠ Private Rechtsträger sind keine Verwaltungsträger; sie handeln grds. zivilrechtlich
  - Ausnahme: Beleihung (s. 🗗 8)

Behördenbegriff

- **Behörde im organisatorischen Sinn** ➲ jede Stelle, die durch Organisationsrecht gebildet, vom Wechsel ihrer Amtsinhaber (Organwalter) unabhängig und nach den einschlägigen Zuständigkeitsregelungen dazu berufen ist, im eigenen Namen für den Staat und einen anderen Verwaltungsträger Verwaltungsaufgaben eigenständig wahrzunehmen

  ☞ Bürgermeister, Landrat, Regierungspräsident

- **Behörde im funktionellen Sinn** ➲ jedes Organ eines Verwaltungsträgers, das Aufgaben der öffentlichen Verwaltung wahrnimmt, vgl. § 1 IV VwVfG

Abgrenzung Öffentliches Recht – Privatrecht (1)

Verwaltungsträger können als juristische Personen des öffentlichen Rechts sowohl zivilrechtlich (☞ Kauf von Büromaterial) als auch öffentlich-rechtlich (☞ Erlass eines VA) tätig werden. Zudem ist die Einschaltung von Privatpersonen denkbar (s. 🗗 8).

I. Relevanz der Abgrenzung

Abgrenzung kann an unterschiedlichen Stellen im Gutachten relevant werden, hat aber insbes. folgende Konsequenzen:

Hoheitsträger handelt

öffentlich-rechtlich	privatrechtlich
▪ Grds. Verwaltungsrechtsweg, § 40 I 1 VwGO	▪ Zivilrechtsweg, § 13 GVG
▪ Einschlägige Gesetze: VwVfG, VwVG, VwGO usw.	▪ Einschlägige Gesetze: BGB, ZPO etc.
▪ Handlungsform: VA (§ 35 VwVfG), verwaltungsrechtlicher Vertrag (§ 54 VwVfG)	▪ Handlungsform: privatrechtliche Willenserklärung
▪ Amtshaftungsanspruch, § 839 BGB i.V.m. Art. 34 GG	▪ Deliktische Haftung nur nach §§ 823 ff. BGB

⚠ Umfang der Abgrenzung im Gutachten hängt davon ab, ob die Zuordnung eindeutig möglich ist (dann kurz) oder erst nach detaillierter Betrachtung (dann ausführlich)!

Abgrenzung Öffentliches Recht – Privatrecht (2)

II. Handeln von Verwaltungsträgern

Grds. sowohl öffentlich-rechtliches als auch privatrechtliches Handeln möglich; Abgrenzung kann unterschiedliche **Anknüpfungspunkte** haben:

ÖFFENTLICHES RECHT		PRIVATRECHT
Eingriffsverwaltung (eindeutig)		**Fiskalverwaltung** (eindeutig)
	Leistungsverwaltung - WAHLRECHT	
▪ Handlungsform: Satzung, Bescheid, Gebühr, Zwangsmittel ▪ Sachzusammenhang mit ÖR	**Indizien**	▪ Handlungsform: Vertrag, Entgelt, Allg. Geschäftsbedingungen ▪ Sachzusammenhang mit ZR

Abgrenzungstheorien: anwendbar auf Rechtsnormen!

- Subordinationstheorie: Über-/Unterordnungsverhältnis = ÖR, Gleichordnung = ZR
- Interessentheorie: Norm dient öff. Interesse = ÖR, Norm dient privatem Interesse = ZR
- (Mod.) Subjekttheorie: Norm berechtigt Hoheitsträger als solchen = ÖR

Im Zweifel: öffentliches Recht

Abgrenzung Öffentliches Recht – Privatrecht (3)

III. Handeln von Privatpersonen

- Handeln von Privatpersonen ist **grds. privatrechtlich**

  ⚠ Gilt auch, wenn das Handeln der Erfüllung öffentlicher Aufgaben dient!

- **Ausnahmen:** Privatperson wird mit hoheitlichen Handlungs-/Entscheidungsbefugnissen ausgestattet

Beliehene

➲ natürliche/juristische Personen des Privatrechts, die **durch oder aufgrund eines Gesetzes** einzelne hoheitliche Verwaltungsaufgaben **im eigenen Namen** und in den **Handlungsformen des öffentlichen Rechts** wahrnehmen dürfen

- Person handelt aufgrund der Beleihung hoheitlich
- Beliehener ist Behörde (§ 1 IV VwVfG), kann selbst VAe erlassen

  ☞ TÜV-Sachverständiger (§ 29 StVZO), Notar (§ 1 BNotO)

Verwaltungshelfer

➲ natürliche/juristische Personen des Privatrechts nimmt **Hilfstätigkeiten** im Auftrag und nach Weisung der ihn betrauenden Behörde wahr

- Verhalten wird der beauftragenden Behörde zugerechnet
- H.M.: hoheitlicher Charakter der Maßnahme für Zuordnung entscheidend

  ☞ Abschleppunternehmer, Schülerlotse

Gesetzmäßigkeit der Verwaltung (1)

Verwaltung ist bei ihrer gesamten Tätigkeit **an Gesetz und Recht gebunden**, Art. 20 III GG

- Kein Handeln gegen Gesetz = **Vorrang des Gesetzes** (⧉ 9)
- Kein Handeln ohne Gesetz = **Vorbehalt des Gesetzes** (⧉ 10 f.)
- Gleichmäßige Anwendung des Gesetzes – **Verwaltungsvorschriften** (⧉ 11 f.)

I. Vorrang des Gesetzes

- Begründet **Rangordnung** innerhalb der unterschiedlichen Rechtsnormen – **Normenpyramide**
- **Geltungsbereich:** jede Verwaltungstätigkeit, gleich ob öffentlich-rechtlich oder privatrechtlich, belastend oder begünstigend
- Sonderfall **Verwaltungsprivatrecht**
  ➲ Handeln eines Verwaltungsträgers (auch als GmbH oder AG) in privatrechtlicher Form zur Erfüllung einer öffentlichen Aufgabe

  – Grds. Privatrecht anwendbar
  – Aber **Überlagerung** durch öffentlich-rechtliche Vorschriften (☞ unmittelbare Geltung der Grundrechte, Geltung der Zuständigkeitsvorschriften, Grundsatz der Verhältnismäßigkeit)

Gesetzmäßigkeit der Verwaltung (2)

II. Vorbehalt des Gesetzes

- **Herleitung:** Rechtsstaats- und Demokratieprinzip (Art. 20 I, III GG), Grundrechte
- Nach h.M. **kein Totalvorbehalt**, sondern **Wesentlichkeitstheorie** (➲ Norm als Grundlage für alle Entscheidungen notwendig, die für das Zusammenleben im Staate wesentlich sind), daraus ergibt sich folgender **Anwendungsbereich** für den Vorbehalt des Gesetzes

Eingriffsverwaltung	Leistungsverwaltung	Sonderrechtsverhältnisse
(+) bei Grundrechtseingriffen (vgl. „durch oder aufgrund eines Gesetzes“)	h.M.: **Grds.** (–), Bereitstellung der Mittel im Haushaltsplan („Ob“) genügt; **Ausnahmen:** • Grundrechtsrelevanz • Besondere Bedeutung für das Gemeinwohl	(+), kein „besonderes Gewaltverhältnis“ ☞ Beamte, Schüler

- **Rechtsfolgen**, wenn Vorbehalt des Gesetzes ausgelöst
  - Wirksame Rechtsnorm als Grundlage für Verwaltungshandeln erforderlich
    - Grds. untergesetzliche Normen (Rechtsverordnung, Satzung) ausreichend
      ⚠ Einhaltung von Art. 80 I 2 GG bei Rechtsverordnungen!
    - Ausnahme: Parlamentsvorbehalt für „das Wesentliche vom Wesentlichen“ (vgl. 🗗 Grundrechte)

Gesetzmäßigkeit der Verwaltung (3)

II. Vorbehalt des Gesetzes (Fortsetzung)

– Wenn gesetzliche Grundlage fehlt, obwohl erforderlich: Verwaltungshandeln rechtswidrig

⚠ Ausnahme **Chaosgedanke:** Maßnahmen, die für die Sicherung der Verwaltung unerlässlich sind, dürften für einen Übergangszeitraum ohne gesetzliche Grundlage angewendet werden

III. Folgen der Gesetzesbindung

- **Normprüfungskompetenz:** Befugnis und Pflicht, Gültigkeit der Rechtsnorm vor Anwendung zu prüfen

  ⚠ H.M.: summarische Prüfung, auf offenkundige/leicht erkennbare Mängel beschränkt

- **Normverwerfungskompetenz:** nach h.M. wg. Gewaltenteilung (–), nur Abwarten gerichtlicher Prüfungsverfahren (☞ Art. 93 I Nr. 4 a GG, § 47 VwGO) nötig

IV. Verwaltungsvorschriften

➲ betreffen als **Innenrecht** die Art und Weise („Wie") des Verwaltungshandelns und sollen gewährleisten, dass die Verwaltung einheitlich handelt

⚠ Verwaltungsvorschriften ≠ Gesetze i.S.d. Art. 20 III GG, Verstoß macht Maßnahme nicht rechtswidrig!

Bedeutung für den Bürger (Außenwirkung, AW) hängt von **Art der Verwaltungsvorschrift** und vom **betroffenen Bereich** (gesetzlich oder nicht gesetzlich geregelt) ab ⇨ s. nächste 🗗

Gesetzmäßigkeit der Verwaltung (4)

IV. Verwaltungsvorschriften (Fortsetzung)

Verwaltungsvorschriften im gesetzlich geregelten Bereich

Verwaltungsinterne Bedeutung

- **Dienstvorschriften**
  - ➲ interne Regeln für Arbeitsabläufe und Dienstausübung der Beamten und Mitarbeiter
- **Norminterpretierende VV**
  - ➲ VV stellt einheitliche Auslegung des Gesetzes sicher

Unmittelbare Außenwirkung

- **Organisations-/Verfahrensvorschriften:**
  - ➲ behördeninterne Zuständigkeit, Art und Weise der Aufgabenerledigung

  AW (+), wenn VV gesetzl. Regelungslücke schließt, h.M.
- **Normkonkretisierende VV**
  - ➲ Konkretisierung unbest. Rechtsbegriffe

  ☞ TA Luft, TA Lärm

  AW (+), h.M.

Mittelbare Außenwirkung

- **Ermessensrichtlinien**
  - ➲ Maßstäbe für einheitl. Ermessensausübung

  Faktische AW über Art. 3 I GG i.V.m. Selbstbindung der Verwaltung
- **Subventionsrichtlinien**
  - ➲ Maßstäbe für Verteilung von Fördermitteln
  - ⚠ Spezielle Ermessensrichtlinien!

Gesetzmäßigkeit der Verwaltung (5)

IV. Verwaltungsvorschriften (Fortsetzung)

Verwaltungsvorschriften im gesetzlich nicht geregelten Bereich

- Verwaltungsvorschriften grds. **keine ausreichende EGL** für **belastende Maßnahmen** und **wesentliche Entscheidungen** (Vorbehalt des Gesetzes), Ausnahme: Übergangszeit zur Aufrechterhaltung der Funktionsfähigkeit staatlicher Einrichtungen (sog. Chaosgedanke)
- Bei **Leistungsverwaltung:**
  - Nach h.M. keine EGL erforderlich (kein Totalvorbehalt)
  - Bei **Subventionen:**
    - „Ob" der Leistung: haushaltsrechtliche Regelung, d.h. Bereitstellung der Mittel im Haushaltsplan
    - „Wie" der Leistung: Verwaltungsvorschriften ausreichend
  - Verwaltungsvorschriften aber **keine EGL**, sondern **Art. 3 I GG i.V.m. Selbstbindung der Verwaltung**
    - Verwaltungspraxis in den Verwaltungsvorschriften niedergelegt
    - Maßgeblich ist aber **tatsächliche Verwaltungspraxis**, auch wenn sie von den Verwaltungsvorschriften abweicht
    - Ausnahme: besondere Umstände begründen Vertrauensschutz des Bürgers auf Umsetzung der Vorgaben der Verwaltungsvorschriften

      ☞ Verwaltungsvorschriften können praktisch wie eine Zusicherung i.S.d. § 38 VwVfG gewertet werden

Arten des Verwaltungshandelns (1)

Verwaltung kann nicht nur einseitig mit Bürgern interagieren, sondern sich unterschiedlicher **Handlungsformen** bedienen.

Verwaltungsakt

Einseitige Herbeiführung einer Rechtsfolge auf dem Gebiet des öffentlichen Rechts, vgl. § 35 VwVfG, § 118 AO, § 31 SGB X; s. 🗗 16 ff.

☞ Platzverweis durch Polizei, Erteilung einer Baugenehmigung, Entziehung der Fahrerlaubnis

Willenserklärungen

- **Privatrechtlich**, insbes. beim Abschluss von Verträgen (Verwaltungsprivatrecht, s. 🗗 Verwaltungsrecht AT 2)

  ☞ Beschaffung von Büromaterial

- **Öffentlich-rechtlich**, beim Abschluss öffentlich-rechtlicher Verträge, §§ 54 ff. VwVfG (🗗 Verwaltungsrecht AT 2)

  ☞ städtebaulicher Vertrag, § 11 BauGB

Realakte oder sonstiges schlichtes Verwaltungshandeln

Behördliche Maßnahmen ohne Regelung, also ohne unmittelbare eigene Rechtsfolge

☞ Veröffentlichung von Informationen oder Warnerklärungen

Arten des Verwaltungshandelns (2)

Handlungsformen (Fortsetzung)

Rechtsnormen

Rechtsverordnungen und Satzungen, sofern kein Einzelfall geregelt wird

☞ Gefahrenabwehrverordnung

Verwaltungsvorschriften und Weisungen

Grundsätzlich nur verwaltungsinterne Wirkung, ausnahmsweise mittelbare Außenwirkung (🗗 11 ff.)

☞ Subventionsrichtlinien

⚠ Die vorstehende Aufzählung ist **nicht abschließend**.

Bedeutung des Verwaltungsakts

Funktionen

Verfahren

Wichtigstes Mittel des Verfahrensabschlusses, besondere Verfahrensvorschriften

☞ Anhörung, § 28 VwVfG

Materiell

Konkretisierung der gesetzlichen Vorschriften, Setzung einer konkret-individuellen Rechtsfolge

Prozess

Spezifische Rechtsschutzmöglichkeiten

- Widerspruch, § 68 VwGO
- Anfechtungs- und Verpflichtungsklage, § 42 VwGO
- Vorläufiger Rechtsschutz, § 80 VwGO

Vollstreckung

VA mit Gebot und Verbot kann von der Behörde vollstreckt werden, § 6 I VwVG

Rechtswirkungen des VA

- Wirksam ab Bekanntgabe (§ 43 I VwVfG) bis zur Aufhebung/sonstigen Erledigung, § 43 II VwVfG
- Auswirkungen der Rechtswidrigkeit
  - Grundsatz: rechtswidriger VA ist und bleibt wirksam
  - Ausnahme: Nichtigkeit nach § 44 VwVfG, § 43 III VwVfG

Verwaltungsakt – Merkmale und Prüfungsstandort

Merkmale des VA

6 Merkmale vorgegeben durch die **Legaldefinition** in **§ 35 VwVfG**

- **Hoheitliche Maßnahme** (🗗 18)
- einer **Behörde** (🗗 18)
- auf dem Gebiet des **öffentlichen Rechts** (🗗 19)
- zur **Regelung** (🗗 20 ff.)
- eines **Einzelfalls** (🗗 23 ff.)
- mit **Außenwirkung** (🗗 27 ff.)

Prüfungsstandort

Klausurhinweis: VA-Qualität einer Maßnahme kann an verschiedenen Stellen geprüft werden!

- **Prozessualer Aufbau:** Klageart hängt von VA-Qualität der Maßnahme ab
- **Materieller Aufbau:** VA-Qualität logisch vor der eigentlichen Rechtmäßigkeitsprüfung klären, da weitere Voraussetzungen (☞ §§ 28, 37, 39 VwVfG) davon abhängen

Verwaltungsakt – hoheitliche Maßnahme einer Behörde

Hoheitliche Maßnahme

- **Maßnahme** ➲ jede Handlung, die einen Erklärungsgehalt hat
  - Jegliche Verhaltensweise ausreichend
  - Auch bei elektronischer Erzeugung und Abspeicherung in einer Datei, §§ 3 a II, 37 II VwVfG
  - Unter Voraussetzungen des § 35 a VwVfG sogar bei Erlass durch vollständig automatische Einrichtungen, sog. **E-VA**

  ⚠ Grds. keine isolierte Prüfung in der Klausur (wg. Regelung), aber Konkretisierung, welche Maßnahme auf VA-Qualität untersucht wird!
- **Hoheitlich** ➲ einseitiges Gebrauchmachen von den Befugnissen des öffentlichen Rechts (h.M.)

Behörde

- **Behörde** ➲ jede Stelle, die Aufgaben der öffentlichen Verwaltung wahrnimmt, § 1 IV VwVfG (funktionaler Behördenbegriff), s. auch 🗗 5

  ⚠ Behörde ist nicht Verwaltungsträger, sondern dessen Organ. Die (Gebiets-)Körperschaft ist keine Behörde, sondern hat eine Behörde! S. auch 🗗 3 ff.
- Keine behördlichen Maßnahmen sind:
  - Maßnahmen, die einem Hoheitsträger nicht zugerechnet werden können

    ☞ nicht behördlich autorisierte Aufstellung von Verkehrsschildern durch Umzugsunternehmen
  - Akte der gesetzgebenden Gewalt (Legislative) und der Rechtsprechung (Judikative)

Verwaltungsakt – auf dem Gebiet des öffentlichen Rechts

Ermittlung der Grundlage für die behördliche Maßnahme

VA nur, wenn Grundlage für die Maßnahme im **öffentlichen Recht** ⇔ **Privatrecht**

- Heranziehung der allgemeinen Abgrenzungsgesichtspunkte sowie der **Abgrenzungstheorien**, s. 🗗 7
- Maßgeblich: Behörde muss Befugnis zum Handeln aus öffentlich-rechtlichen Vorschriften ableiten; kein VA deshalb bei
  - privatrechtlichen Maßnahmen,
    ☞ Vermietung von Gebäuden, Vergabe von Bauaufträgen
  - verwaltungsprivatrechtlichen Maßnahmen und
  - Maßnahmen der Regierung auf dem Gebiet des Verfassungsrechts und des Völkerrechts (einschränkende Auslegung)
- Wirkung/Rechtsfolge der Maßnahme ist dagegen unerheblich
  ☞ Gemeindliches Vorkaufsrecht per VA, § 28 II 1 BauGB

Formeller VA

- Bei Maßnahmen **eindeutig in der Form eines VA**
  - liegt **unabhängig vom Inhalt** ein VA vor, h.M.
    ☞ Kündigung eines Vertrages durch Bescheid
  - ist die Anfechtungsklage (§ 42 I Fall 1 VwGO) gegen die Maßnahme statthaft
- Erforderlich: Maßnahme muss einer Behörde zugerechnet werden können, (–) beim sog. **Schein-VA**
  ☞ Versendung von Gebührenbescheiden durch GmbH ohne behördliche Veranlassung

Verwaltungsakt – Regelung (1)

Herbeiführen einer Rechtsfolge

Regelung ➲ jede Maßnahme, die ihrem Ausspruch nach unmittelbar auf die Herbeiführung einer Rechtsfolge gerichtet ist

- Typischerweise: Begründung, Änderung, Aufhebung oder verbindliche Feststellung von Rechten und Pflichten

  ☞ Verbot einer Versammlung, Platzverweis, Erteilung einer Baugenehmigung

- Abgrenzung: keine Regelung bei verwaltungsrechtlicher Willenserklärung

  ☞ Aufrechnungserklärung, Ausübung des Zurückbehaltungsrechts an abgeschlepptem Pkw

Nicht regelndes Verwaltungshandeln

- Regelung (–) bei Realakten und sonstigem schlichten Verwaltungshandeln
- Zum Teil aber Abgrenzung/Auslegung analog § 133 BGB erforderlich; VA (+), wenn sich behördliche Maßnahme auf klärungsbedürftiges Rechtsverhältnis bezieht

Hinweis auf die Rechtslage	⟷	Feststellender VA
☞ Auskunft Punkte Fahreignungsregister		Regelung (+), gesetzeskonkretisierend
Wiederholende Verfügung	⟷	**Zweitbescheid**
☞ Bestätigung, § 37 II 2 VwVfG		Regelung (+), neue Sachentscheidung nach erneuter Sachprüfung

Verwaltungsakt – Regelung (2)

Finaler Aspekt

- Kausalität der Verwaltungsmaßnahme für Rechtsbeeinträchtigung/-verletzung allein nicht ausreichend
  - Regelung und VA nur (+), wenn Rechtsfolge von der Behörde **bezweckt**
  - Regelung und VA (–), wenn Rechtsverletzung bloß faktische Auswirkungen der Maßnahme
    ☞ Videoaufnahmen von Versammlungsteilnehmern: Grundrechtseingriff, aber kein VA
- **Sonderfall:** konkludentes Duldungsgebot bei Maßnahmen der Verwaltungsvollstreckung – nach h.M. (–)
- **Sonderfall:** Informationsansprüche (☞ IFG, UIG)
  - Grds. Regelung (–), da Informationshandeln = Realakt
  - Ausnahme: Regelung in Form einer **regelnden Entscheidung** (+), wenn
    - Leistung im Gesetz nur abstrakt vorgesehen ist und deshalb **Subsumtion** durch Behörde im Einzelfall erfolgen muss
      ☞ Überprüfung von Versagungsgründen, Abwägungsentscheidung
    - Leistung im **Ermessen der Behörde** steht, denn dann regelnde Entscheidung über das „Ob" der Leistung

Verwaltungsakt – Regelung (3)

Vorläufiger VA

- VA setzt grds. **endgültige Regelung** voraus
  - VA-Qualität von **Verfahrenshandlungen** (–)
  - Zudem: § 44 a VwGO verhindert isoliertes Vorgehen

    ☞ Untersuchungsanordnung eines Beamten
- **Ausnahme:** vorläufiger VA
  - Inhalt: Regelung erfolgt nicht endgültig, sondern unter dem Vorbehalt der endgültigen Entscheidung, i.d.R. weil maßgeblicher Sachverhalt zum Entscheidungszeitpunkt noch nicht abschließend ermittelt
  - Abgrenzung von Zusicherung (§ 38 I VwVfG), Teil- oder Vorbescheid, auflösender Bedingung (§ 36 II Nr. 2 VwVfG), Widerrufsvorbehalt (§ 36 II Nr. 3 VwVfG)
  - Zulässigkeit
    - Bei **belastenden** VAen i.d.R. (–), da Eingriff erst zulässig, wenn alle tatbestandlichen Voraussetzungen geklärt
    - Bei **begünstigenden** VAen nach h.M. (+), wenn sachlicher Grund vorliegt
  - Einordnung: VA-Qualität jedenfalls (+), dogmatische Begründung str.
  - Konsequenzen:
    - Erledigung des vorläufigen VA durch Erlass des VA mit endgültiger Regelung (sog. **Schlussbescheid**)
    - Deshalb keine zusätzliche Aufhebung (§§ 48, 49 VwVfG) erforderlich

Verwaltungsakt – Einzelfall (1)

Merkmal dient der **Abgrenzung** des **VA** (individuell und konkret generell) gegenüber der **Rechtsnorm** (abstrakt generell), erfolgt über den geregelten Fall und die Adressaten der Maßnahme:

Fall \ **Adressat**	individuell	generell
konkret	**VA**	§ 35 S. 2 VwVfG
abstrakt	**VA**	**Rechtsnorm**

Einzelfallregelung, § 35 S. 1 VwVfG

Jede individuelle Regelung ist Einzelfallregelung und begründet VA; zwei Möglichkeiten:

- **Konkret individuelle** Regelung
  - Konkret ➲ wenn Zeit, Ort, Personen und sonstige Umstände in der Weise festgelegt sind, dass für jeden Adressaten der Maßnahme die Zahl der geregelten Verhaltensweisen bestimmt ist
  - Individuell ➲ wenn die Regelung sich an ganz bestimmte (zumindest zahlenmäßig feststehende) Personen richtet

Verwaltungsakt – Einzelfall (2)

Einzelfallregelung, § 35 S. 1 VwVfG (Fortsetzung)

- **Abstrakt individuelle** Regelung: beschreibt abstrakten Fall, wird aber konkret, wenn die näher bezeichneten Umstände eintreten

  Abstrakt ➲ wenn der geregelte Fall so gefasst ist, dass ungewiss ist, ob sich dieser Fall überhaupt und wie oft er sich ereignen wird („jedes Mal, wenn…")

  ☞ Kraftwerksunternehmer muss Straßen am Kraftwerk streuen, wenn Temperatur unter Null Grad sinkt (wg. Glatteisgefahr durch aus den Kühltürmen entweichenden Wasserdampf)

Allgemeinverfügung, § 35 S. 2 VwVfG

personenbezogen	sachbezogen	benutzungsregelnd
§ 35 S. 2 **Fall 1** VwVfG	§ 35 S. 2 **Fall 2** VwVfG	§ 35 S. 2 **Fall 3** VwVfG

Allgemeinverfügungen enthalten eine **konkrete** Regelung, die an einen **generellen Adressatenkreis** gerichtet ist

⚠ Allgemeinverfügung ist **VA**, vgl. Wortlaut § 35 S. 2 VwVfG! Folge: Alle sonstigen Merkmale (außer Einzelfall) müssen auch erfüllt sein!

Verwaltungsakt – Einzelfall (3)

Allgemeinverfügung, § 35 S. 2 VwVfG (Fortsetzung)

- **Personenbezogen:** Adressatenkreis bei Erlass der Anordnung nach allgemeinen Merkmalen **bestimmt** oder **bestimmbar**
  - Bestimmt ➲ Adressatenkreis nur begrifflich festgelegt, steht zahlenmäßig aber fest, sodass die Betroffenen genau bezeichnet werden können

    ☞ Verfügung an „alle Hauseigentümer"
  - Bestimmbar ➲ nur dann nicht erfüllt, wenn Regelung praktisch jedermann erfassen kann; Bestimmung durch den Bezug zu einem konkreten Sachverhalt

    ☞ Glasverbot für alle Besucher des Straßenkarnevals in einer Stadt
- **Sachbezogen**

  ⚠ Nicht jede Regelung, die Sache betrifft, sondern nur Regelungen, die **sachenrechtlichen Zustand** einer Sache betreffen!
  - Begründet oder betrifft die öffentlich-rechtliche Eigenschaft einer Sache

    ☞ Benennung von Straßen, Zuteilung einer Hausnummer
  - Begründet wird öffentlich-rechtliche Eigenschaft einer Sache in erster Linie durch **Widmung** ➲ Erklärung eines Staatsorgans, dass eine bestimmte Sache einem bestimmten öffentlichen Zweck dienen und deshalb (auch) öffentlich-rechtlichen Vorschriften unterliegen soll („Ob" der Nutzbarkeit durch die Allgemeinheit)

    ☞ Widmung einer öffentlichen Straße, § 2 FStrG

Verwaltungsakt – Einzelfall (4)

Allgemeinverfügung, § 35 S. 2 VwVfG (Fortsetzung)

- **Benutzungsregelnd**
  - Regelungen für die Benutzung einer öffentlich-rechtlichen Sache („Wie" der Benutzung durch die Allgemeinheit, vgl. sachbezogen)

    ☞ Benutzungsregelungen für öffentliche Einrichtungen wie Schwimmbäder oder Bibliothek
  - Wichtigster Anwendungsfall: **Verkehrszeichen**
    - Nur, soweit sie Ge- oder Verbote enthalten (Vorschriftzeichen, § 41 I StVO; Richtzeichen, § 42 I 2 StVO)
    - Konsequenzen der Einordnung:
      - Anfechtungsklage gegen Verkehrszeichen statthaft, ggf. nach Widerspruchsverfahren
      - Rechtsbehelf hat keine aufschiebende Wirkung, § 80 II 1 Nr. 2 VwGO analog (Zeichen ersetzen Anordnungen von Polizeibeamten, § 36 StVO)
      - Anfechtungsfrist: ein Jahr (§ 58 II VwGO) ab dem Zeitpunkt, in dem sich der Verkehrsteilnehmer erstmals der Regelung des Verkehrszeichens gegenüber sieht, h.M.

Verwaltungsakt – Außenwirkung (1)

Außenwirkung ➲ wenn die beabsichtigten Rechtsfolgen gegenüber einer außerhalb der Verwaltung stehenden natürlichen oder juristischen Person eintreten sollen; (–), wenn die Maßnahme nur Rechtswirkungen innerhalb der staatlichen Verwaltung hat

Fallgestaltungen in denen die Außenwirkung in einer Klausur besonders zu problematisieren

- Verwaltungsinterne Maßnahmen
- Mehrstufige Verwaltungsakte
- Sonderrechtsverhältnisse
- Relativer Verwaltungsakt

I. Verwaltungsinterne Maßnahmen

- Weisung Bund – Land (Art. 84 V, 85 III GG): **Verwaltungsakt (–)**
  - Ausübung von verfassungsrechtlichen Befugnissen, BMin agiert nicht als **Behörde** i.S.d. § 1 IV VwVfG
  - Bei Bundesauftragsverwaltung (Art. 85 GG): **Außenwirkung** (–), da Landesbehörde Status einer nachgeordneten Behörde hat

  Zu verfassungsrechtlichen Weisungsrechten s. Staatsorganisationsrecht
- Anordnungen Bundesbehörde – Bundesbehörde, Landesbehörde – Landesbehörde: Außenwirkung (–), da Maßnahme nur innerhalb derselben Körperschaft (Bund bzw. Land) wirkt

  ☞ Weisung des Innenministeriums an die Bezirksregierung

Verwaltungsakt – Außenwirkung (2)

I. Verwaltungsinterne Maßnahmen (Fortsetzung)

- Maßnahmen staatlicher Verwaltungsorgane ggü. **kommunalen Körperschaften** (☞ Gemeinde)
  - Außenwirkung (+), wenn Gemeinde in ihrem **eigenen Wirkungskreis** betroffen ist, wg. Selbstverwaltungsgarantie, Art. 28 II GG

    ☞ Weisung an die Gemeinde, ein von ihr betriebenes Hallenbad zu schließen
  - Außenwirkung grds. (–), wenn **übertragener Wirkungskreis** betroffen, d.h. bei Wahrnehmung staatlicher Aufgaben (sog. Fremdaufgaben)

    Ausnahmsweise Außenwirkung (+), wenn Gemeinde nach materiellem Recht eine durch Art. 28 II GG geschützte Rechtsstellung zusteht

    ☞ Weisung bzgl. örtlicher Verkehrsplanung

II. Mehrstufige Verwaltungsakte

Mehstufiger VA ➲ Verwaltungsakt, der aufgrund gesetzlicher Vorgabe nur „mit Zustimmung" oder „im Einvernehmen" mit einer anderen Behörde erlassen werden darf

- Grundsatz: Mitwirkung anderer Behörden hat nur verwaltungsinterne Wirkung ⇨ Außenwirkung (–)
- Ausnahme: **inkongruente Prüfungskompetenz** zwischen entscheidender und mitwirkender Behörde
  - Eigentlich Verpflichtungsklage statthaft
  - Aber: **§ 44 a VwGO** verhindert grds. isolierte Klagen auf Mitwirkungshandlungen anderer Behörden

    ⚠ Gemeindliches Einvernehmen nach § 36 BauGB ist ein Fall kongruenter Prüfungskompetenz, deshalb Außenwirkung (–)! Vgl. 🗗 Öffentliches Baurecht

Verwaltungsakt – Außenwirkung (3)

III. Verwaltungsrechtliche Sonderverhältnisse

- Aufgrund einer besonderen Situation stehen bestimmte Bürger in einer derartigen Nähebeziehung zum Staat (früher: **besonderes Gewaltverhältnis**), dass sie dem verwaltungsinternen Bereich zugerechnet werden; derartige **Sonderrechtsverhältnisse** bzw. **Sonderstatusverhältnisse** bestehen u.a. bei
  - Beamten und Richtern (Art. 33, 97, 98 GG)
  - Soldaten (Art. 12 a, 17 a GG)
  - Schülern (Art. 7 GG)
  - Strafgefangenen, Untersuchungshäftlingen und sonst zwangsweise untergebrachten Personen

  ⚠ Auch relevant bei der Grundrechtsfähigkeit, s. 🗗 Grundrechte
- Maßnahmen im **Beamtenrecht**
  - Außenwirkung (+), wenn **persönliche Rechtsstellung** des Beamten betroffen ➲ Maßnahmen, die sich – über die Konkretisierung der Gehorsamspflicht hinaus – auf die Stellung des Beamten als eine dem Dienstherrn mit selbstständigen Rechten gegenüberstehende Rechtspersönlichkeit erstrecken

    ☞ Ernennung, Beförderung, Entlassung eines Beamten
  - Außenwirkung (–), wenn **Amtsstellung** des Beamten betroffen ➲ die an einen Beamten in seiner Eigenschaft als Amtsträger und Glied der Verwaltung gerichteten internen Weisungen des Dienstherrn und die auf die Art und Weise der dienstlichen Verrichtung bezogenen innerorganisatorischen Maßnahmen der Behörde, in deren Organisation der Beamte eingegliedert ist

    ☞ Anordnungen zum Erscheinungsbild im Dienst, Verbot des Führens von Dienstfahrzeugen

Verwaltungsakt – Außenwirkung (4)

III. Verwaltungsrechtliche Sonderverhältnisse (Fortsetzung)

- Maßnahmen im **Beamtenrecht** (Fortsetzung)
  - Besonders relevant bei Anordnungen zu Veränderungen im Tätigkeitsbereich eines Beamten
    - Außenwirkung (+) bei **Versetzung** (➲ die auf Dauer angelegte Übertragung eines anderen Amtes bei einer anderen Dienststelle bei demselben oder einem anderen Dienstherrn, § 28 I BBG) und **Abordnung** (➲ die vorübergehende Übertragung einer dem Amt des Beamten entsprechenden Tätigkeit bei einer anderen Dienststelle desselben oder eines anderen Dienstherrn unter Beibehaltung der Zugehörigkeit zur bisherigen Dienststelle, § 27 I 1 BBG)
    - Außenwirkung (–) bei Umsetzung (➲ die vorübergehende oder dauerhafte Übertragung anderer Aufgaben innerhalb derselben Dienststelle) und Zuweisung oder Entziehung bestimmter einzelner Aufgaben
- Maßnahmen im **Schulrecht**
  - Außenwirkung (+), wenn persönliche Rechtsstellung des Schülers betroffen

    ☞ (Nicht-)Versetzung, Abschlusszeugnis, Verhängung von Ordnungsmaßnahmen
  - Außenwirkung (–), wenn Regelung des internen Schulbetriebs erfolgt

    ☞ Stellen von Hausaufgaben und Klassenarbeiten, Umsetzung in eine Parallelklasse aus schulorganisatorischen Gründen
  - Außerdem Regelung (–), wenn nur erzieherische Maßnahmen ergriffen werden

    ☞ Eintrag ins Klassenbuch

Verwaltungsakt – der E-VA

VA-Erlass nicht nur durch Behördenmitarbeiter, sondern auch durch automatische Einrichtungen möglich

E-VA, § 35 a VwVfG ➲ alle Verwaltungsakte, die vollständig automatisiert erlassen werden, unabhängig davon, ob sie schriftlich per Post oder elektronisch versandt werden

Voraussetzungen

- Zulassung des E-VA **durch Rechtsvorschrift**
  ☞ § 10 a RBeitrStV für Rundfunkbeiträge
- EGL sieht **weder Ermessen noch Beurteilungsspielraum** vor, da dann menschliche Willensbetätigung erforderlich

Folgen

- E-VA hat trotz fehlender menschlicher Beteiligung (hoheitliche Maßnahme = Willensentschluss) volle VA-Qualität
- Sofern keine besondere Form vorgeschrieben, ist die erzeugte Datei der VA (vgl. elektronisch, § 37 II VwVfG)
- Ist Schriftform vorgeschrieben, Ersetzung durch **elektronische Form**, § 3 a II VwVfG

„Durch" automatische Einrichtung – nicht „mit Hilfe" automatischer Einrichtung

- Automatische Einrichtung ➲ alle Systeme der elektronischen Datenverarbeitung (weite Auslegung!)
- VA muss durch die automatische Einrichtung erlassen werden = Ergebnis eines automatisierten Datenverarbeitungsvorgangs ohne menschliche Beteiligung

⚠ Unter Nutzung eines PC durch einen Mitarbeiter erlassener VA ist kein E-VA i.S.d. § 35 a VwVfG!

Rechtmäßigkeit des VA

➲ VA ist rechtmäßig, wenn er sämtlichen Vorgaben entspricht, die die Rechtsordnung an ihn stellt.

⚠ Der rechtswidrige VA ist grds. gleichwohl wirksam, Ausnahme: Nichtigkeit, § 44 VwVfG, s. 78 ff.

Prüfungsschema

I. Ermächtigungsgrundlage

- Für den Inhalt
- Für die Handlungsform (sog. VA-Befugnis)

II. Formelle Rechtmäßigkeit

- Zuständigkeit: sachlich, instanziell, örtlich
- Verfahren
  – Ermittlung der einschlägigen Verfahrensregeln (Spezialgesetz, BVwVfG/LVwVfG)
  – Einhaltung der Verfahrensregeln (☞ Anhörung, § 28 VwVfG)
- Form: schriftlich, mündlich, in sonstiger Weise

III. Materielle Rechtmäßigkeit

- Voraussetzungen/Tatbestand der Ermächtigungsgrundlage
- Richtiger Adressat
- Allgemeine Rechtmäßigkeitsvoraussetzungen
- Zulässige Rechtsfolge

Rechtmäßigkeit des VA - Ermächtigungsgrundlage (1)

I. Erforderlichkeit der Ermächtigungsgrundlage

- Bestimmt sich nach dem Grundsatz vom **Vorbehalt des Gesetzes** (s. 🗗 10 f.)
  - Für **belastende VAe:** sofern wesentlich, Ermächtigungsgrundlage (EGL) erforderlich
    - Grds. jede Rechtsnorm gleich welcher Rangstufe ausreichend
    - Ausnahme: Parlamentsvorbehalt für das „Wesentliche vom Wesentlichen"

      ⚠ Untergesetzliche Rechtsnorm dann keine ausreichende EGL!
  - Für **begünstigende VAe:** Bereitstellung im Haushaltsplan genügt, außer VA mit Grundrechtsrelevanz oder mit besonderer Bedeutung für das Gemeinwohl
- Fehlt EGL, obwohl erforderlich, oder fehlt eine ausreichende EGL: VA rechtswidrig

⚠ EGL bestimmt den Inhalt des VA (Rechtsfolge) und damit das „Wie" behördlichen Handelns!

II. VA-Befugnis

- Vorbehalt des Gesetzes gilt nach h.M. auch für die **Handlungsform des VA**
- Rechtsnorm muss dementsprechend Befugnis zum Erlass eines VA vorsehen (sog. **VA-Befugnis**, Handlungsform-Vorbehalt); kann sich ergeben aus
  - ausdrücklicher gesetzlicher Regelung (☞ § 49 a I 2 VwVfG: „durch … Verwaltungsakt"),
  - einer Auslegung der EGL, dass diese konkludent zugleich zur Durchsetzung durch VA berechtigt

    ☞ Gesetz verwendet Begriffe wie Anordnung, Verbot, Untersagung, wie § 35 I GewO
  - gewohnheitsrechtlicher Anerkennung in weiten Bereichen des besonderen Verwaltungsrechts

    ☞ Polizei- und Ordnungsrecht, Abgabenrecht

    ⚠ Dann keine besondere Prüfung in der Klausur erforderlich!

Rechtmäßigkeit des VA - Ermächtigungsgrundlage (2)

II. VA-Befugnis (Fortsetzung)

- **Sonderfall:** Verhaltens-/Verbotsnormen im besonderen Ordnungsrecht
  - Bei Verstoß allein nicht ausreichende EGL, enthalten keine VA-Befugnis
  - Rückgriff auf die polizei- und ordnungsrechtliche Generalklausel erforderlich (sog. **unselbstständige Verfügung**)

  ☞ Gegenstände auf die Straße gebracht = Verstoß gegen § 32 StVO, Anordnung zum Entfernen nur gestützt auf POR-Generalklausel möglich

- **Sonderfall:** Durchsetzung eigener Ansprüche der Behörde durch VA
  - Möglich bei gesetzlicher Regelung, die ausdrücklich oder konkludent zum VA-Erlass ermächtigt

    ☞ Vollstreckungs- und Gebührenrecht auf Landesebene: Festsetzung der Kosten der Ersatzvornahme
  - **Kehrseitentheorie:** wird Leistung durch VA gewährt, kann sie (z.B. wenn sie rechtsgrundlos erfolgt ist) auch durch VA zurückgefordert werden
  - Im Übrigen: VA-Befugnis (+), wenn gerade in Bezug auf den konkreten Anspruch ein **Über-/Unterordnungsverhältnis** zwischen Staat und Bürger besteht

    VA-Befugnis (–)
    - bei privatrechtlichen Ansprüchen
    - bei Ansprüchen im Gleichordnungsverhältnis
    - zur Durchsetzung von vertraglichen Ansprüchen (§§ 54 ff. VwVfG)

Rechtmäßigkeit des VA – EGL in der Fallbearbeitung (1)

Erforderlichkeit einer EGL	Auswahl nach Spezialitätsgrundsatz	Wirksamkeit der EGL

I. Erforderlichkeit einer EGL

- Richtet sich nach dem **Vorbehalt des Gesetzes**
- Dazu schon ausführlich oben

II. Auswahl nach Spezialitätsgrundsatz

- Auswahl der richtigen EGL nach der durch den VA gesetzten Rechtsfolge
- Einzuhaltende **Reihenfolge** bei der Auswahl der einschlägigen EGL:
  - Spezielle Bundesgesetze (wg. Art. 31 GG),
    ☞ BImSchG, GewO, BPolG
  - Spezielle Landesgesetze,
    ☞ LBauO, LVersG
  - Allgemeine Gesetze
    ☞ VwVfG, LPolG, OBG

Rechtmäßigkeit des VA – EGL in der Fallbearbeitung (2)

III. Wirksamkeit der EGL

- Nur wirksame = **verfassungsgemäße** EGL kann Grundlage für einen VA sein
- Bei Zweifeln an der Verfassungsmäßigkeit/entsprechenden Anhaltspunkten im Sachverhalt: inzidente **Prüfung** der Verfassungsmäßigkeit

Formelles Gesetz

⚠ Unterscheide **Normprüfungs-/Normverwerfungskompetenz:** Jedes Gericht ist zur Prüfung der Verfassungsmäßigkeit eines Gesetzes berechtigt, aber nur dem BVerfG ist die Verwerfung der Norm gestattet!

- Prüfung der formellen und materiellen Verfassungsmäßigkeit (s. dazu 🗗 Staatsorganisationsrecht)
- Vorrang der verfassungskonformen Auslegung
- Hält Verwaltungsgericht Norm für verfassungswidrig: konkrete Normenkontrolle, Art. 100 GG (s. 🗗 Staatsorganisationsrecht)

Rechtsverordnung/Satzung

Sog. **dreistufiger Aufbau**

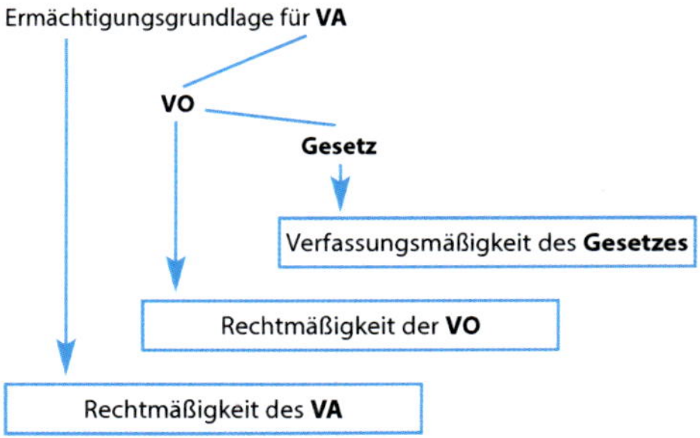

Formelle Rechtmäßigkeit des VA – Zuständigkeit (1)

VA nur formell rechtmäßig, wenn **zuständige Behörde** gehandelt hat.

- **sachlich**
- **instanziell**
- **örtlich**

I. Sachliche Zuständigkeit

Aufgabenbereich der Behörde wird bestimmt durch

Verbandskompetenz

Jedes Verwaltungshandeln muss **juristischer Person** (des öffentlichen Rechts) zugerechnet werden; Verbandskompetenz klärt, welche juristische Person als Verwaltungsträger zuständig ist

- Möglich: Bund, Land, (Land-)Kreis, Stadt/Gemeinde, sonstige juristische Person des öff. Rechts
- Ausgangspunkt: Art. 83 ff. GG, s. dazu Staatsorganisationsrecht

Organkompetenz

Juristische Person ist selbst nicht handlungsfähig, sondern bedient sich **Organen**; Organkompetenz klärt, welches von mehreren Organen einer juristischen Person zuständig ist

☞ Bundesminister, Landesminister, Landrat, Bürgermeister, Magistrat etc.

- Funktionsbezeichnung im Gesetz (☞ „Baugenehmigungsbehörde", § 36 BauGB; „Straßenverkehrsbehörde", § 44 I 1 StVO) allein nicht ausreichend
- Wirklich zuständige Behörde erschließt sich dann über landesrechtliche Zuständigkeitsverordnung

Formelle Rechtmäßigkeit des VA – Zuständigkeit (2)

II. Instanzielle Zuständigkeit

- Verwaltungsträger kann über Behörden auf verschiedenen Ebenen verfügen, s. 🗗 3
- Zuständigkeit i.d.R. bei der **untersten Instanz**
- Vorgesetzte Behörde nur bei **Selbsteintrittsrecht** zuständig

  ☞ Art. 3 b Abs. 1 BayVwVfG

III. Örtliche Zuständigkeit

- Existieren mehrere **gleichartige Behörden mit räumlich begrenztem Zuständigkeitsbereich**, muss die örtliche Zuständigkeit bestimmt werden

  ☞ Bürgermeister, Landräte
- Bestimmung der örtlichen Zuständigkeit
  - Häufig über Regelung in **Spezialgesetzen**
  - Im Übrigen: **§ 3 VwVfG**

IV. Unerheblich: Amt oder Beamter

- Das nach außen auftretende **Amt** (☞ Ordnungsamt) ist für die Einhaltung der Zuständigkeit irrelevant – Ämter/Abteilungen sind nur organisatorische Untergliederung der jeweiligen Verwaltung!
- Ebenfalls unerheblich, ob der nach **interner Geschäftsverteilung** zuständige Beamte gehandelt hat – Zurechnung des Beamtenhandelns zur Behörde genügt!

Formelle Rechtmäßigkeit des VA – Grundlagen des Verfahrens (1)

I. Anwendungsbereich BVwVfG – LVwVfG

Trotz der Regelung in § 1 I Nr. 2, II VwVfG gilt wg. § 1 III VwVfG:

- Handeln **Bundesbehörden**, gilt das **VwVfG des Bundes**.

  ☞ Bundespolizei

- Handeln **Landesbehörden**, gilt das **VwVfG des Landes**. Das gilt auch für den Bereich der mittelbaren Staatsverwaltung (vgl. 🗗 4), also beim Handeln von Städten und Gemeinden.

  ☞ Landespolizei, Bürgermeister

⚠ Merke: Das Wappen bestimmt das Gesetz!

II. Anwendbarkeit des VwVfG

- **Grundsatz:** § 1 I VwVfG, **öffentlich-rechtliche Verwaltungstätigkeit** der Behörden
  - Zur Abgrenzung von öffentlichem und privatem Recht s. 🗗 6 ff.
  - Zum Behördenbegriff s. 🗗 5
- **Ausnahmen:** § 2 VwVfG
  - Tätigkeit der Kirchen, Religionsgesellschaften, Weltanschauungsgemeinschaften, § 2 I VwVfG
  - Spezielle Rechtsgebiete und deren Verfahrensvorschriften, § 2 II VwVfG

    ☞ Bundesfinanzbehörden wg. AO (§ 2 II Nr. 1 VwVfG), Sozialbehörden wg. SGB X (§ 2 II Nr. 4 VwVfG)
  - VwVfG teilweise unanwendbar in den Fällen des § 2 III VwVfG
- **Im Übrigen:** VwVfG ist gegenüber Verfahrensregelungen in Spezialgesetzen **subsidiär**, § 1 I VwVfG

Formelle Rechtmäßigkeit des VA – Grundlagen des Verfahrens (2)

III. Begriffsbestimmung Verwaltungsverfahren

Verwaltungsverfahren i.S.d. VwVfG ➲ die nach außen wirkende Tätigkeit der Behörden, die auf die Prüfung der Voraussetzungen, die Vorbereitung und den Erlass eines **Verwaltungsaktes** oder auf den Abschluss eines **öffentlich-rechtlichen Vertrages** gerichtet ist, § 9 VwVfG

Folge: Das VwVfG gilt **nicht**

- beim Erlass von Rechtsverordnungen, Satzungen oder Verwaltungsvorschriften,
- für schlichtes Verwaltungshandeln,
- im Bereich des Verwaltungsprivatrechts (h.M.).

IV. Arten von Verwaltungsverfahren

Vier Arten des Verwaltungsverfahrens zu unterscheiden:

- Nichtförmliches Verwaltungsverfahren, § 10 VwVfG

  ⚠ **Regelfall** in der Praxis und in der Examensklausur!
- Förmliches Verwaltungsverfahren, §§ 63 ff. VwVfG – nur, wenn durch Rechtsvorschrift angeordnet, § 63 I VwVfG (☞ § 36 BBergG)
- Verfahren über eine einheitliche Stelle, §§ 71 a ff. VwVfG – nur, wenn durch Rechtsvorschrift angeordnet, § 71 a I VwVfG (☞ § 6 b I 1 GewO)
- Planfeststellungsverfahren, §§ 72 ff. VwVfG (☞ Planung der Bundesfernstraßen, § 17 FStrG)

Formelle Rechtmäßigkeit des VA – wesentliche Verfahrensregeln (1)

Einleitung des Verfahrens	Untersuchungsgrundsatz	Ausschluss wg. Befangenheit	Akteneinsicht	Anhörung

⚠ In der Klausur i.d.R. nur Anhörung anzusprechen! Sonstige Verfahrensregeln nur bei Anhaltspunkten!

I. Einleitung des Verfahrens, § 22 VwVfG

- **Grundsatz:** Einleitung steht im behördlichen Ermessen, § 22 S. 1 VwVfG
- **Ausnahmen:** nach § 22 S. 2 VwVfG
  - Positiv: Behörde **muss** Verfahren einleiten, wenn gesetzlich bestimmt ist, dass sie von Amts wegen/auf Antrag tätig werden muss
  - Negativ: Behörde **darf nicht** tätig werden, wenn bei antragsabhängigem Verfahren Antrag fehlt

⚠ Genehmigungsfiktion, § 42 a VwVfG: VA gilt als erteilt, wenn (gesetzlich) bestimmte Frist nach Antrag abgelaufen! (☞ Baugenehmigung nach Einreichung der Antragsunterlagen nach LBauO)

II. Untersuchungsgrundsatz, § 24 VwVfG

- Behörde muss den Sachverhalt **von Amts wegen** ermitteln
  - An Vorbringen der Beteiligten nicht gebunden, § 24 I VwVfG
  - Alle Umstände, auch die für die Beteiligten günstigen, zu berücksichtigen, § 24 II VwVfG
- Alle erforderlichen **Beweismittel**, § 26 I VwVfG (☞ Auskünfte einholen, Zeugen vernehmen)
- Anregung von Erklärungen, Anregungen, Berichtigungen, § 25 VwVfG

Formelle Rechtmäßigkeit des VA – wesentliche Verfahrensregeln (2)

III. Ausschluss wg. Befangenheit, §§ 20, 21 VwVfG

- **Gesetzliches Mitwirkungsverbot** im Verwaltungsverfahren bei **Befangenheit**, § 20 VwVfG
  - **Gründe:** besonderes Näheverhältnis zwischen Amtsträger und Beteiligen im Verwaltungsverfahren (vgl. Aufzählung in § 20 I 1 VwVfG) oder Vor-/Nachteil aus dem Verfahren (§ 20 I 2 VwVfG)

    ☞ Beteiligter ist Angehöriger des Amtsträgers, § 20 I 1 Nr. 2 VwVfG
  - **Folgen** bei Verstoß:
    - Verstoß gegen § 20 I 1 Nr. 1 VwVfG: Nichtigkeit unter den Voraussetzungen des § 44 I VwVfG
    - Im Übrigen: Rechtswidrigkeit, vgl. § 44 III Nr. 2 VwVfG
- **Mitwirkungsverbot auf Anordnung** des Behördenleiters bei **Besorgnis der Befangenheit**, § 21 VwVfG

  ➲ Grund, der die Befürchtung begründet, dass der Amtsträger nicht unparteiisch sachlich, insbesondere nicht mit der gebotenen Distanz, Unbefangenheit und Objektivität entscheiden, sondern sich von persönlichen Vorurteilen oder sonstigen sachfremden Erwägungen leiten lassen könnte

  ☞ Freundschaft/Feindschaft zu einem Beteiligten, unsachliche Äußerung zu Anträgen

IV. Akteneinsicht, § 29 VwVfG

- Berechtigt: Beteiligte, § 13 VwVfG
- Ausschlussgründe: § 29 I 2, II VwVfG

  ⚠ Bei Versagung wg. § 44 a VwGO keine Klage auf Akteneinsicht möglich, h.M.!
- Art und Weise der Akteneinsicht: Ermessen der aktenführenden Behörde, § 29 III VwVfG
- Für elektronische Akten: § 8 EGovG

Formelle Rechtmäßigkeit des VA – Anhörung, § 28 VwVfG (1)

I. Voraussetzungen

1. Erlass eines Verwaltungsakts

- Anhörungspflicht nur vor Erlass eines VA i.S.d. § 35 VwVfG
- Nach h.M. keine analoge Anwendung des § 28 VwVfG auf Realakte, die sich wie ein belastender VA auswirken (funktionales Äquivalent)

2. Eingriff in die Rechte eines Beteiligten

- Unproblematisch (+) bei **belastendem VA** ➲ VA, der die bisherige Rechtsstellung des Beteiligten zu seinem Nachteil verändert
- Nach h.M. (–) für die Ablehnung eines begünstigenden VA

  ☞ Ablehnung der Erteilung der beantragten Baugenehmigung

3. Beteiligte

Anhörungspflicht nur gegenüber **Beteiligten** i.S.d. § 13 VwVfG; s. auch schon 2.

Formelle Rechtmäßigkeit des VA – Anhörung, § 28 VwVfG (2)

I. Voraussetzungen (Fortsetzung)

4. Keine Ausnahme, § 28 II, III VwVfG

- **Behördliches Absehen** von der Anhörung möglich, wenn sie nach den Umständen des Einzelfalls nicht geboten ist, **§ 28 II VwVfG**
  - Insbesondere in den im 2. Hs. der Vorschrift genannten Fällen
    ⚠ Aufzählung nicht abschließend!
  - Klausurwichtig:
    - Nr. 1: **Gefahr im Verzug** ➲ vorherige Anhörung würde die notwendigen Maßnahmen in unvertretbarem Maße verzögern, insbes. weil der mit der Maßnahme verfolgte Zweck vereitelt oder wesentlich erschwert würde
    - Nr. 4: Erlass von **Allgemeinverfügungen**
    - Nr. 5: Maßnahmen **in der Verwaltungsvollstreckung**
      ⚠ **Kostenbescheid** ist Maßnahme nach der Verwaltungsvollstreckung!
  - Anhörung nicht automatisch entbehrlich, sondern **kraft behördlicher Entscheidung** – Behörde muss ihr diesbezügliches **Ermessen betätigen!**
    ⚠ Verzicht auf Anhörung ohne Ermessensentscheidung führt zur Rechtswidrigkeit des VA!
  - Bei Verzicht auf Anhörung: Begründung analog § 39 VwVfG erforderlich, h.M.
- **Gesetzliches Anhörungsverbot**, wenn ihr zwingendes öffentliches Interesse entgegensteht, § 28 III VwVfG; Interesse muss besonders schutzwürdig sein und überragende Gemeinschaftsinteressen wahren (☞ erhebliche Nachteile für das Wohl des Bundes oder eines Landes)

Formelle Rechtmäßigkeit des VA – Anhörung, § 28 VwVfG (3)

II. Rechtsfolge

- Ist Anhörung wg. Vorliegens der Voraussetzungen (s.o. unter I.) **erforderlich:** Einräumung der Gelegenheit zur Stellungnahme
  - Behörde muss beabsichtigten VA so konkret beschreiben, dass für Beteiligten erkennbar, wozu er sich äußern soll
  - Hinweis auf die maßgeblichen Rechtsvorschriften sowie die Umstände, die nach Einschätzung der Behörde für ihre Ermessensausübung erheblich sind
- Form der Anhörung: formlos, d.h. mündlich, telefonisch, per E-Mail
- Beteiligter muss nicht Stellung nehmen, ihm muss die **Gelegenheit** zur Stellungnahme gegeben werden

  ⚠ Fruchtloses Verstreichen einer gesetzten Äußerungsfrist deshalb unerheblich

Formelle Rechtmäßigkeit des VA – Form

I. Form im engeren Sinne, § 37 VwVfG

- **Grundsatz:** formfrei = schriftlich, elektronisch, mündlich, in sonstiger Weise (konkludent), § 37 II VwVfG
- **Ausnahme:** Spezialgesetz ordnet besondere Form an

  ☞ Führerschein (§ 4 II 1 FeV), Urkunde bei Beamtenernennung (§ 10 II 1 BBG)
- Besonderheiten für **schriftlichen VA:** muss Unterschrift enthalten und erlassende Behörde erkennen lassen, § 37 III VwVfG

  ⚠ Ist die erlassende Behörde nicht erkennbar, ist der VA nichtig, § 44 II Nr. 1 VwVfG!

II. Elektronischer VA

➲ Verwaltungsakt, der elektronisch erzeugt und als Datei gespeichert wird

- Möglich, wenn keine besondere Form angeordnet ist (vgl. „elektronisch" in § 37 II VwVfG) und Adressat **Zugang eröffnet** hat, § 3 a I VwVfG – ⚠ Angabe der Mailadresse auf Briefkopf genügt bei Bürgern nicht!
- Inhaltliche Anforderungen: wie bei schriftlichem VA, §§ 37 III, 39 VwVfG
- Bekanntgabe: 3-Tages-Fiktion ab Absendung, § 41 II 2 VwVfG

⚠ **E-VA** nach § 35 a VwVfG (s.o. 🗗 31) kann elektronischer VA sein, muss er aber nicht!

III. Form im weiteren Sinne: Begründung, § 39 VwVfG

- Nötig bei schriftlichen/schriftlich bestätigten/elektronischen/elektronisch bestätigten VAen, § 39 I VwVfG
- Ausnahmen von der Begründungspflicht in § 39 II VwVfG
- Inhalt und Umfang je nach Einzelfall

⚠ Nur Voraussetzung, dass eine Begründung gegeben wird – Richtigkeit ist Frage der materiellen Rmk!

Formelle Rechtmäßigkeit des VA – Folgen formeller Fehler im Überblick

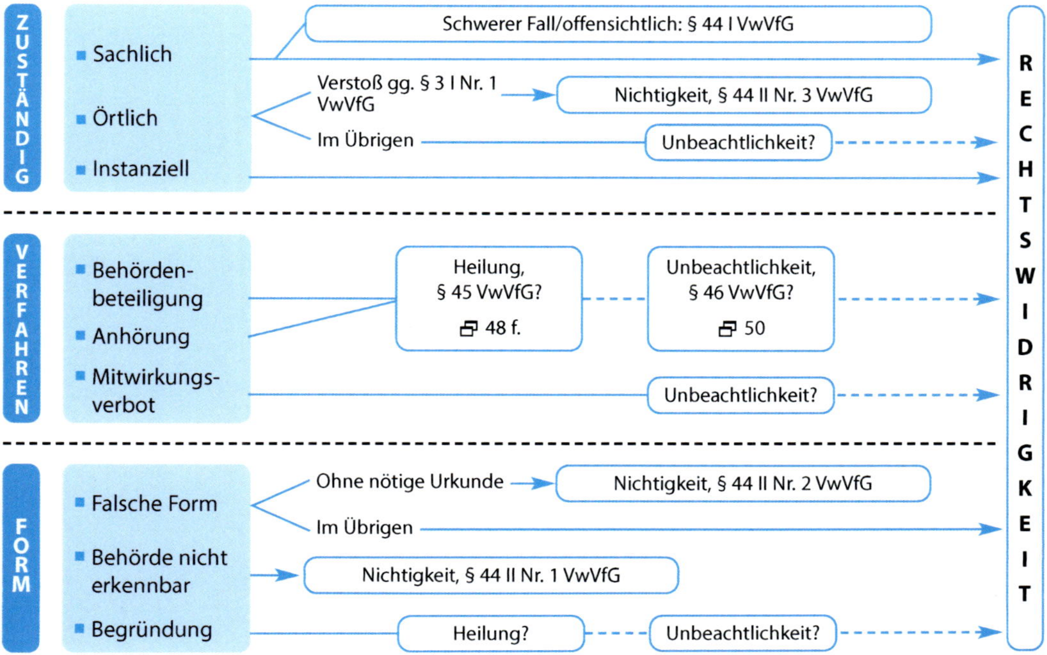

Formelle Rechtmäßigkeit des VA – Heilung, § 45 VwVfG (1)

I. Grundsätzliches

- **Auslöser:** bestimmte Verfahrens-/Formfehler, die grds. zur Rechtswidrigkeit des VA führen
- **Voraussetzungen:**
  - Keine Nichtigkeit nach § 44 VwVfG (🗗 78 ff.)
  - Nachholungshandlung nach § 45 I VwVfG
    ⚠ Grundsatz der realen Fehlerheilung = Handlung so nachzuholen, wie sie urspr. hätte erfolgen müssen
- **Zeitraum:** bis zum Abschluss der letzten Tatsacheninstanz des VG-Verfahrens
  ⚠ Anders in NRW (§ 45 II VwVfG NRW) und in Schleswig-Holstein (§ 114 II 2 LVwG)!
- **Rechtsfolge:** Verfahrens-/Formfehler ist **unbeachtlich**, VA ex tunc rechtmäßig (h.M.)

II. Nachholung der Anhörung, § 45 I Nr. 3 VwVfG

- **Fehler:** keine Gelegenheit zur Stellungnahme, obwohl nach **§ 28 I VwVfG** erforderlich (🗗 43 ff.)
- **Nachholungshandlung** nach § 45 I Nr. 3 VwVfG
  - Vollwertige Gelegenheit zur Stellungnahme
  - Behörde muss vorgebrachte Argumente zum Anlasse nehmen, die ohne vorherige Anhörung getroffene Entscheidung kritisch zu überdenken
- Während des **Widerspruchsverfahrens**
  - Stellungnahme im Verfahren ausreichend, wenn Behörde diese zur Kenntnis nimmt und bei der Entscheidung berücksichtigt, h.M.
  - Gilt auch, wenn VA im Ermessen der Behörde steht, h.M.
  ⚠ Verwechselungsgefahr mit Anhörung nach § 71 VwVfG, s. 🗗 VwGO!

Formelle Rechtmäßigkeit des VA – Heilung, § 45 VwVfG (2)

II. Nachholung der Anhörung, § 45 I Nr. 3 VwVfG (Fortsetzung)

- Während des **Klageverfahrens**
  - Möglich, § 45 VwVfG nach h.M. verfassungskonform
  - Nachholungshandlung: **schriftsätzliche Stellungnahmen** im Prozess ausreichend, wenn Behörde diese erkennbar zum Anlass nimmt, ihre Entscheidung ergebnisoffen zu überdenken (h.M.)

  ⚠ Zeitraum nach § 45 II VwVfG beachten!

III. Nachholung der Begründung, § 45 I Nr. 2 VwVfG

- **Fehler:** keine oder unvollständige Begründung, obwohl nach § 39 I VwVfG erforderlich (🗗 46)
- **Nachholungshandlung** nach § 45 I Nr. 2 VwVfG: **Nachholen** der gänzlich fehlenden Begründung oder **Ergänzen** der zunächst unvollständigen Begründung
- Auch durch die **Widerspruchsbehörde** möglich, h.M.

⚠ Nicht verwechseln mit dem **Nachschieben von Gründen**, das nur die materielle Rechtmäßigkeit des VA betrifft (s. 🗗 51 f.)

Formelle Rechtmäßigkeit des VA – Unbeachtlichkeit, § 46 VwVfG

I. Voraussetzungen

- **Verletzung von Vorschriften** beim Zustandekommen des VA betreffend
  - **örtliche Zuständigkeit** – ⚠ Sachliche und instanzielle Zuständigkeit nicht erfasst!
  - **Verfahren** (☞ Mitwirkung Befangener [§§ 20, 21 VwVfG], unterbliebene Anhörung [§ 28 VwVfG])
  - **Form** (☞ fehlerhafte Begründung)

  ⚠ §§ 45, 46 VwVfG nebeneinander anwendbar!
- **Keine Nichtigkeit** nach § 44 VwVfG (🗗 78 ff.)
- **Offensichtlich, dass Verletzung Entscheidung in der Sache nicht beeinflusst hat**
  - Keine Kausalität zwischen Fehler und Entscheidung
    - Bei **gebundener Entscheidung:** (+), wenn VA materiell rechtmäßig
    - Bei **Ermessensentscheidung:** (+), wenn feststeht, dass die Behörde bei Vermeidung des Fehlers dieselbe – materiell rechtmäßige – Entscheidung getroffen hätte; (–), wenn andere Entscheidung nicht auszuschließen
  - **Offensichtlichkeit** ➲ fehlende Kausalität klar erkennbar („springt ins Auge"), wenn bei hypothetischer Betrachtung jeglicher Zweifel ausgeschlossen ist, dass die Behörde ohne den Verfahrensfehler genauso entschieden hätte

II. Rechtsfolge

VA bleibt (formell) rechtswidrig, seine Aufhebung kann aber nicht begehrt werden (vgl. Wortlaut § 46 VwVfG); Widerspruch/Anfechtungsklage deshalb unbegründet

Materielle Rechtmäßigkeit des VA – Tatbestand der EGL (1)

I. Materielle Voraussetzungen

Tatbestand folgt aus der herangezogenen **spezialgesetzlichen EGL**

☞ Ungeeignetheit (§ 3 I StVG), Unzuverlässigkeit (§ 35 GewO)

II. Nachschieben von Gründen

- Ob Tatbestand der EGL erfüllt ist, muss grds. anhand der von der Behörde gegebenen **Begründung** überprüft werden („richtige" Begründung vs. eine Begründung, § 39 I VwVfG, s. 46)
- Wenn nach konkreter Begründung (–):
  - Behörde kann gegebene Begründung **präzisieren, ergänzen und vertiefen**
  - Behörde kann Begründung wg. Amtsermittlungs-/Untersuchungsgrundsatzes (§ 86 I VwGO) im Verwaltungsprozess ganz oder teilweise durch andere Gründe auswechseln (sog. **Nachschieben von Gründen**), wenn

    1. keine Umgehung von § 45 VwVfG
    - Erstmalige Begründung (sog. **Nachholen der Begründung**, § 45 I Nr. 2 VwVfG) nur außerhalb des Prozesses
    - Völliges Auswechseln der Begründung unzulässig

    2. keine Wesensänderung des VA
    - Wesen des VA folgt aus dem Rechts- und Sachgebiet, auf dem er ergeht (☞ Baugenehmigung)
    - Abgrenzung Nachschieben von Gründen vs. Umdeutung, § 47 VwVfG (s. 81)

Materielle Rechtmäßigkeit des VA – Tatbestand der EGL (2)

II. Nachschieben von Gründen (Fortsetzung)

3. Kläger in seiner Rechtsverteidigung nicht beeinträchtigt

- Gelegenheit zur Stellungnahme zu neuen Gesichtspunkten (entspricht Verbot von Überraschungsentscheidungen, § 108 II VwGO)
- Rechtliches Gehör, Art. 103 I GG

- Bei **Ermessenentscheidungen** zusätzlich **§ 114 S. 2 VwGO**
  - Erstmalige Begründung der Ermessensentscheidung im Prozess unzulässig (vgl. „ergänzen")
  - Vollständiges Auswechseln der Ermessensentscheidung im Prozess unzulässig

III. Austauschen der EGL

- Ob Tatbestand der EGL erfüllt ist oder nicht, wird vom VG anhand der **objektiven Sach- und Rechtslage** überprüft (vgl. Untersuchungsgrundsatz, § 86 I VwGO)
- Alle einschlägigen Rechtsvorschriften und alle rechtserheblichen Tatsachen werden berücksichtigt, gleich ob durch die Behörde vorgebracht oder nicht
  - „Austauschen" der EGL möglich
  - Ausnahme: Wesensänderung des angefochtenen VA (vgl. Nachschieben von Gründen, 51)

Materielle Rechtmäßigkeit des VA – richtiger Adressat

Adressat des VA ergibt sich aus

Ermächtigungsgrundlage

- Ausdrücklich
  - ☞ Gewerbetreibender (§ 35 I GewO), Betreiber der Anlage (§ 20 I BImSchG)
- Durch Auslegung

Adressatenbestimmung im Spezialgesetz

☞ Bauherrschaft nach LBauO

Polizei- und Ordnungsrecht

- Verhaltensstörer
- Zustandsstörer
- Nichtstörer

⚠ Wg. Verweisung auch im Sonderordnungsrecht anwendbar, sofern dort Spezialregelung fehlt!

Materielle Rechtmäßigkeit des VA – allgemeine Rechtmäßigkeitsvoraussetzungen (1)

Bestimmtheit des VA | Möglichkeit der Maßnahme | Verhältnismäßigkeit

- **Quelle:** Rechtsstaatsprinzip – konkretisiert in § 37 I VwVfG
- **Folge:** aus dem VA muss **erkennbar** sein,

wer (erlassende Behörde)

- Schriftlicher/elektronischer VA muss erlassende Behörde erkennbar machen, § 37 III VwVfG
- Folge bei Verstoß: **Nichtigkeit**, § 44 II Nr. 1 VwVfG

von wem (Adressat)

- Grundsatz: Adressat muss mit Namen und Adresse bezeichnet werden
- Ausnahme: Bezeichnung nach allg. Merkmalen genügt bei Allgemeinverfügung, § 35 S. 2 VwVfG (s. dazu 🗗 24 ff.)
- Folge bei Verstoß:
  - Keine Bekanntgabe bei unvollständiger Adressierung (VA geht nicht zu)
  - Im Übrigen rechtswidrig

    ☞ Verwechslung

was (Inhalt) **verlangt.**

- Umstände des Einzelfalls und einschlägiges Fachrecht maßgeblich
- Ausreichend: Inhalt lässt sich durch Auslegung (analog § 133 BGB) ermitteln
- Notwendig: eindeutiger Vollstreckungstitel
- Folge bei Verstoß: **Nichtigkeit**, § 44 I VwVfG

Materielle Rechtmäßigkeit des VA – allgemeine Rechtmäßigkeitsvoraussetzungen (2)

Bestimmtheit des VA

Möglichkeit der Maßnahme

Verhältnismäßigkeit

Unmöglichkeit der Erfüllung der Anordnung des VA

aus **tatsächlichen** Gründen

Objektiv

- VA, den niemand ausführen kann
- Folge: Nichtigkeit, § 44 II Nr. 4 VwVfG

Subjektiv

- VA, den ein anderer, aber nicht der Adressat ausführen kann (subj. Unvermögen)

  ⚠ Wirtschaftliches Unvermögen genügt nicht!
- Folge: Rechtswidrigkeit

aus **rechtlichen** Gründen

Sonderfall: Begehung Straftat/OWi

Folge: Nichtigkeit, § 44 II Nr. 5 VwVfG

Im Übrigen

☞ entgegenstehende Rechte Dritter (i.d.R. Zivilrecht)

- Beseitigung durch
  - Einwilligung/Zustimmung des Dritten
  - Duldungsverfügung gegen den Dritten
- Ohne Beseitigung: VA rechtmäßig, aber Vollstreckungshindernis

Materielle Rechtmäßigkeit des VA – allgemeine Rechtmäßigkeitsvoraussetzungen (3)

Bestimmtheit des VA | Möglichkeit der Maßnahme | **Verhältnismäßigkeit**

- **Quelle:** gesetzlich angeordnet (☞ § 15 BPolG, § 9 II VwVG), sonst allgemeines Rechtsprinzip unmittelbar kraft Verfassungsrechts (dogmatische Herleitung im Einzelnen str.)
- **Anwendungsbereich:**
  - Ermessensentscheidung: unverhältnismäßige Maßnahme = Ermessensüberschreitung (zu den Ermessensfehlern s. 61 ff.)
  - Gebundene Entscheidung
    - Grds. (–), da dann gesetzliche EGL unverhältnismäßig – Normverwerfung erforderlich
    - Zunehmend in Ausnahmefällen (+)

      ⚠ **Klausurhinweis:** VHMK nicht bei jeder gebundenen Entscheidung prüfen, sondern nur, wenn die Rechtsfolge ausnahmsweise aufgrund der konkreten Umstände des Einzelfalls unverhältnismäßig sein kann – Hinweise im Sachverhalt beachten!

Elemente der VHMK

➲ Maßnahme ist verhältnismäßig, wenn sie zur Verfolgung eines legitimen Zwecks geeignet, erforderlich und angemessen ist.

Legitimer Zweck

➲ alle Gemeinwohlbelange und jedes öffentliche Interesse, das verfassungsrechtlich nicht ausgeschlossen ist

- Gesonderte Prüfung zur Klarstellung des Prüfprogramms möglich, aber nicht zwingend
- Jedenfalls isoliert prüfen, wenn möglw. rechtswidrig (☞ Diskriminierung i.S.d. Art. 3 III GG)

Materielle Rechtmäßigkeit des VA – allgemeine Rechtmäßigkeitsvoraussetzungen (4)

Bestimmtheit des VA | Möglichkeit der Maßnahme | **Verhältnismäßigkeit**

Elemente der VHMK (Fortsetzung)

Geeignetheit

➲ wenn mit der Maßnahme der gewünschte Erfolg **zumindest gefördert** werden kann

- Legislative: Prognosespielraum/Einschätzungsprärogative
- Exekutive: an gesetzl. Vorgaben gebunden (Art. 20 III GG), kein Prognose-/Wertungsspielraum

Erforderlichkeit

➲ wenn der Behörde kein anderes gleich wirksames, aber weniger belastendes Mittel zur Zweckverfolgung zur Verfügung steht

- Handlungsalternativen ermitteln – ⚠ **Klausurhinweis:** Seien Sie kreativ!
- Ermittlung der von der Handlungsalternative ausgehenden Nachteile für den Adressaten, Vergleich mit dem gewählten Mittel

Angemessenheit

➲ Maßnahme darf nicht zu einem Nachteil führen, der zu dem erstrebten Erfolg/Vorteil erkennbar außer Verhältnis steht

- Gewichtigkeit des verfolgten Zwecks vs. durch die Maßnahme eintretende Nachteile
- Erkennbar ➲ wenn der durch die Maßnahme herbeigeführte Nachteil deutlich größer ist als der Nachteil, der durch sie abgewendet werden soll

Materielle Rechtmäßigkeit des VA – allgemeine Rechtmäßigkeitsvoraussetzungen (5)

Bestimmtheit des VA | Möglichkeit der Maßnahme | Verhältnismäßigkeit

Verhältnismäßigkeit

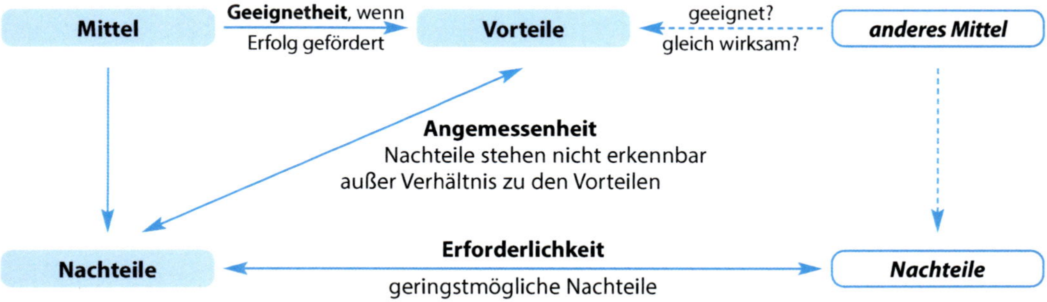

Materielle Rechtmäßigkeit des VA – Rechtsfolge (1)

Gebundene Entscheidung	Intendiertes Ermessen	Ermessen
„muss“, „ist“, „hat“	„soll“	„kann“, „darf“, „ist befugt“

I. Gebundene Entscheidung

- Kein Entscheidungsspielraum
- Behörde muss handeln und die im Gesetz zwingend vorgesehene Rechtsfolge anordnen

⚠ Ausnahme nur, wenn Rechtsfolge ausnahmsweise im Einzelfall unverhältnismäßig, s. 56

II. Intendiertes Ermessen

- Behörde **i.d.R. verpflichtet**, im Gesetz vorgesehene Rechtsfolge anzuordnen, darf **in atypischen Ausnahmefällen** aber davon **absehen**

  ☞ § 20 II 1 BImSchG

- Gilt auch für gesetzliche Vorschriften mit **Regelbeispielen**

  ☞ § 5 II WaffG

Materielle Rechtmäßigkeit des VA – Rechtsfolge (2)

III. Ermessen

➲ Handlungsspielraum, von dem die Behörde unter Berücksichtigung der Besonderheiten des Einzelfalls und aufgrund von Zweckmäßigkeitsüberlegungen Gebrauch machen darf

- Spielraum auf Rechts**folgen**seite, d.h. Ermessenserwägungen nur, wenn Tatbestand der EGL (+)
- Unterscheide:
  - **Entschließungsermessen** ➲ Entscheidungsspielraum, **„ob"** die Behörde überhaupt handelt
  - **Auswahlermessen** ➲ Entscheidungsspielraum bzgl. des zu ergreifenden Mittels, also **„wie"** die Behörde im konkreten Fall handelt
  - **Störerauswahlermessen** ➲ Entscheidungsspielraum, welchen von mehreren möglichen Adressaten die Behörde in Anspruch nimmt (Polizei- und Ordnungsrecht)
- Betätigung des Ermessens: gemäß dem Zweck der Ermächtigungsgrundlage und in den gesetzlichen Grenzen des Ermessens, § 40 VwVfG

  ⚠ **Klausurhinweis:** § 40 VwVfG nur bei rein materiell-rechtlicher Prüfung als Ausgangspunkt nehmen!
- Prozessuale Konsequenzen:
  - Keine eigenen Ermessenserwägungen des VG, nur Überprüfung auf **Ermessensfehler**, vgl. § 114 S. 1 VwGO (zu den Ermessensfehlern s. 🗗 61 ff.)
  - Zweckmäßigkeitserwägungen nur im Widerspruchsverfahren, § 68 VwGO

Materielle Rechtmäßigkeit des VA – Rechtsfolge: Ermessensfehler (1)

Ermessensüberschreitung	Ermessensunterschreitung	Ermessensfehlgebrauch

I. Ermessensüberschreitung

➲ wenn die Behörde eine im Gesetz – abstrakt – nicht zugelassene Rechtsfolge wählt

Gesetzliche Grenzen des Ermessens können sich ergeben:

- aus der angewendeten EGL selbst
- aus anderen Rechtsvorschriften (Grundrechte, sonstiges Verfassungsrecht, Europarecht)
- aus dem **Grundsatz der Verhältnismäßigkeit** (s. 56 ff.)

II. Ermessensunterschreitung

➲ wenn die Behörde das bestehende Ermessen nicht ausübt oder die bestehenden Möglichkeiten nicht ausschöpft (auch Ermessensnichtgebrauch oder Ermessensausfall)

Erscheinungsformen:

- Behörde verneint fälschlicherweise den Tatbestand der EGL und kommt deshalb nicht zum Ermessen
- Behörde hält sich irrig für gebunden
- Behörde hat bei Anwendung von Verwaltungsvorschriften (s. 11 ff.) übersehen, dass ein atypischer Fall vorliegt und deshalb von den Verwaltungsvorschriften abgewichen werden konnte

Materielle Rechtmäßigkeit des VA – Rechtsfolge: Ermessensfehler (2)

III. Ermessensfehlgebrauch

➲ Behörde handelt bei der Entscheidung nicht entsprechend dem Zweck der Ermächtigung

- Praktisch wichtigste Fallgruppe der Ermessensfehler
- Fehlerhaft ist nicht das Ergebnis, sondern der **gedankliche Weg** der Behörde zur Entscheidung, folgt aus
  - Begründung des VA
  - Anderen Begleitumständen des VA-Erlasses

Fallgruppen des Ermessensfehlgebrauchs

Sachfremde Erwägungen

- Was sachfremd ist, folgt aus EGL/anderen Vorschriften/Eigenart des Sach- und Rechtsgebiets
- Stets sachfremd: persönliche Motive (☞ Freundschaft, Abneigung)

Tatsachenfehler

- Folge des Amtsermittlungsgrundsatzes (§ 24 VwVfG, s. 41)
- ➲ wenn die Behörde bei ihren Erwägungen von unzutreffenden oder unvollständigen tatsächlichen Feststellungen ausgeht

Materielle Rechtmäßigkeit des VA – Rechtsfolge: Ermessensfehler (3)

III. Ermessensfehlgebrauch (Fortsetzung)

Fallgruppen (Fortsetzung)

Strukturelle Mängel in der Begründung

- Begründungspflicht: wesentliche Ermessenserwägungen, § 39 I 3 VwVfG
  ⚠ Ausnahme: Intendiertes Ermessen ohne atypischen Sonderfall!
- Fehlende Begründung ist formeller Fehler, fehlerhafte Begründung ist Indiz für Ermessensfehlgebrauch; Begründung darf
  - nicht unlogisch sein,
  - keine widersprüchlichen Aussagen enthalten,
  - keine wesentlichen Gesichtspunkte außer Acht lassen

Verstoß gegen Art. 3 GG

- Verstöße gegen das **Willkürverbot**
- Verstoß gegen die **Selbstbindung der Verwaltung** durch Behördenpraxis/Verwaltungsvorschriften

IV. Folgen eines Ermessensfehlers

- Grundsatz: VA rechtswidrig
- Ausnahme: ermessensfehlerhafte Begründung ist nicht tragend (arg. e. § 39 I 2 VwVfG); ausreichend, wenn eine gegebene Begründung ermessensfehlerfrei ist

Materielle Rechtmäßigkeit des VA – Rechtsfolge: Ermessensreduzierung auf Null

- Sofern EGL Ermessen vorsieht, besteht für den Bürger **kein strikter Rechtsanspruch** auf Erlass des VA
- Stattdessen: **Anspruch auf ermessensfehlerfreie Entscheidung** über den Erlass des VA

  ⚠ Kein genereller/übergesetzlicher Anspruch, sondern nur dort, wo Antrag berechtigterweise gestellt und Ermessensnorm = subjektives Recht des Antragstellers!
- Anspruch auf VA trotz Ermessens (+), wenn **Ermessensreduzierung auf Null** ➲ wenn im konkreten Fall alle Entscheidungen bis auf eine ermessensfehlerhaft sind
  - Ermessensreduzierung ist **Frage des Einzelfalls**, die insbes. unter Berücksichtigung des betroffenen Rechtsgebiets und der betroffenen Rechte zu beantworten ist
  - ☞ Häufige Fälle/Indizien für Ermessensreduzierung in bestimmten Rechtsgebieten:
    - Ordnungsrecht: hohe Intensität der Störung oder Gefährdung der öffentlichen Sicherheit
    - Straßenrecht: Sondernutzungserlaubnis für Wahlplakate in Wahlkampfzeiten (wg. Art. 21 I, 38 I GG)
    - Beamtenrecht: Einstellung und Beförderung, wenn ein Bewerber eindeutig am besten qualifiziert
    - Baurecht: bei Erteilung der Baugenehmigung möglich (wg. Art. 14 I GG), bei bauaufsichtlichem Einschreiten bei Verletzung nachbarschützender Vorschriften (str.)
    - Allgemein: bei Selbstbindung der Verwaltung (wg. Art. 3 I GG)

      ⚠ Selbstbindung (–), wenn Behörde die Verwaltungspraxis für die Zukunft aus willkürfreien Erwägungen aufgibt und durch eine andere, ebenfalls rechtmäßige Verwaltungspraxis ersetzt

Prozessuale Konsequenzen von Ermessensfehlern

Belastender VA	Begünstigender VA
Materielle Rechtmäßigkeit (–)	Rechtmäßigkeit der Ablehnung (–)
	Anspruch auf ermessensfehlerfreie Entscheidung nicht durch Erfüllung erloschen
Erfolg der Anfechtungsklage (+)	Erfolg der Verpflichtungsklage (+)

Folge: (Belastender VA)

Aufhebung des VA, § 113 I 1 VwGO

Folge: (Begünstigender VA)

- Verpflichtungsurteil – § 113 V 1 VwGO
- Bescheidungsurteil – § 113 V 2 VwGO

Spruchreife ➲ wenn alle rechtlichen und tatsächlichen Voraussetzungen für den VA geklärt sind

Materielle Rechtmäßigkeit des VA – Beurteilungsspielraum (1)

Handlungsspielraum der Behörde beim Erlass von Verwaltungsakten

Tatbestand der EGL	Rechtsfolge
ggf. Beurteilungsspielraum	Ermessen – s. 60 ff.

I. Ausgangspunkt für Beurteilungsspielraum

- Unbestimmte Rechtsbegriffe auf Tatbestandsseite
  ☞ ungeeignet (§ 3 I StVG), unzuverlässig (§ 35 I GewO)
- Lehre vom Beurteilungsspielraum: soweit Gesetzgeber keine eindeutige Regelung getroffen hat oder nach der Natur der Sache nicht vornehmen konnte, hat Behörde Entscheidungsspielraum
- Mit Vorbehalt des Gesetzes (s. 10 f.) und Art. 19 IV GG vereinbar

II. Anwendungsbereich des Beurteilungsspielraums

- Nach h.M. **kein genereller Beurteilungsspielraum** bei unbestimmten Rechtsbegriffen! Spielraum nur:
  - bei ausdrücklich normiertem Beurteilungsspielraum (selten, ☞ § 71 V 2 GWB)
  - wenn sich Spielraum durch Auslegung der einschlägigen Normen ergibt

Materielle Rechtmäßigkeit des VA – Beurteilungsspielraum (2)

II. Anwendungsbereich des Beurteilungsspielraums (Fortsetzung)

- **Fallgruppen** des Beurteilungsspielraums
  - Prüfungsentscheidungen (☞ Bewertung der Aufsichtsarbeiten im juristischen Examen)
  - Beamtenrechtliche Beurteilungen (☞ § 21 I BBG)
  - Prognoseentscheidungen und Risikobewertungen (☞ Umweltrecht)
  - Entscheidungen, die weitgehend von einer persönlichen Wertung mit juristisch nicht greifbaren Maßstäben abhängen und vom Gesetz einem weisungsfreien, pluralistisch besetzten Gremium übertragen sind (☞ Beurteilung der Qualität eines Weins, § 21 WeinG i.V.m. WeinVO)

    ⚠ Nicht mehr: Indizierung jugendgefährdender Medien nach §§ 18, 19 JuSchG!
  - Vollzug unionsrechtlicher Normen, wenn entsprechender Entscheidungsspielraum vorgesehen

    ⚠ Unabhängig von Fallgruppen, Überlagerung des nationalen Rechts (Anwendungsvorrang)!

III. Beurteilungsfehler

Wenn Beurteilungsspielraum (+): VG bei der Prüfung auf **Beurteilungsfehler** beschränkt, insbes.

- Fehlen einer nachvollziehbaren Begründung,
- Verstoß gegen Verfahrensvorschriften (⚠ Rügepflicht für den Prüfling!),
- unzutreffender oder unvollständig ermittelter Sachverhalt,
- sachfremde Erwägungen,
- sonstige Verstöße gegen das Willkürverbot
- Missachtung allgemein gültiger Bewertungsgrundsätze (VG prüft fachwissenschaftliche Vertretbarkeit).

Zusicherung (1)

I. Begriffsbestimmung

➲ von der Behörde erteilte Zusage, einen bestimmten VA später zu erlassen oder zu unterlassen, § 38 I 1 VwVfG

- Verbindliche Erklärung der Behörde: ggü. dem Adressaten muss unzweifelhaft der Wille der Behörde zum Ausdruck kommen, einen bestimmten VA später zu erlassen/zu unterlassen
  - Nötigenfalls Auslegung analog § 133 BGB
  - Maßgeblich: erklärter Wille, wie ihn Adressat bei obj. Würdigung aller maßgeblichen Begleitumstände und des Zwecks der Erklärung verstehen konnte
- Hinreichend bestimmter VA: Bestimmtheitsgrundsatz – nicht nur Zusicherung, sondern auch späterer VA muss bereits präzisiert sein

II. Wirksamkeit

⚠ Anforderungen des § 38 I 1 VwVfG sind Voraussetzungen für die Wirksamkeit der Zusicherung, nicht nur der (formellen) Rechtmäßigkeit – s. dazu 🗗 69!

- Zuständigkeit der zusichernden Behörde
- Schriftform (§ 37 III VwVfG) oder elektronische Form (§ 3 a II VwVfG)
- Entsprechende Anwendung der übrigen für die Wirksamkeit von Verwaltungsakten geltenden Vorschriften, § 38 II VwVfG (☞ Nichtigkeit, § 44 VwVfG)

Zusicherung (2)

III. Rechtmäßigkeit der Zusicherung

I. Ermächtigungsgrundlage

⚠ Nicht § 38 I 1 VwVfG!

- Keine spezielle EGL für die Zusicherung notwendig
- I.d.R. deshalb die EGL für den VA, dessen Erlass/Nichterlass zugesichert wird

II. Formelle Rechtmäßigkeit

1. Zuständigkeit
2. Verfahren
   - Grds. die allgemein für den VA-Erlass geltenden Vorschriften (☞ Anhörung, § 28 VwVfG)
   - Beachtung gesetzlich vorgeschriebener Mitwirkungserfordernisse, § 38 I 2 VwVfG
3. Schriftform, § 38 I 1 VwVfG

III. Materielle Rechtmäßigkeit

1. Zulässigkeit der Zusicherung
   - Spezialgesetzlich vorgesehen
   - Ausdrücklich ausgeschlossen (☞ § 2 II BBesG)
2. **Rechtmäßigkeit des zugesicherten VA**
   - Sog. Gebot der doppelten Rechtmäßigkeit
   - Alle Rechtmäßigkeitsanforderungen des zugesicherten VA müssen erfüllt sein – Inzidentprüfung!
3. Rechtsfolge: steht zugesicherter VA im Ermessen, muss Zusicherung ermessensfehlerfrei ergehen

Zusicherung (3)

IV. Folge/Wirkung der Zusicherung

- **Grundsatz:** Wirksame Zusicherung hat **Bindungswirkung** = Anspruch auf Einhaltung der Zusicherung
- **Ausnahmen:**
  - Aufhebung der Zusicherung, § 38 II i.V.m. §§ 48, 49 VwVfG
  - Wegfall der Geschäftsgrundlage, § 38 III VwVfG

    Erforderlich: nachträgliche Änderung der Sach- oder Rechtslage derart, dass die Behörde bei Kenntnis der Änderung die Zusicherung nicht gegeben hätte oder aus rechtlichen Gründen nicht hätte geben dürfen

V. Sonstiges

- Rechtsnatur der Zusicherung: **VA** (h.M.)
- Prozessual deshalb **Verpflichtungsklage** auf Zusicherung (h.M.)
- Abgrenzung Zusicherung zur nicht VA-bezogenen **Zusage**
  - Zusage ist gerichtet auf schlichtes Verwaltungshandeln oder Abschluss eines öffentlich-rechtlichen Vertrages
  - § 38 VwVfG auf Zusage nicht anwendbar
  - Schriftform der Zusage str.

Nebenbestimmungen zum VA (1)

Abgrenzung | Arten | Rechtmäßigkeit | Rechtsschutz

I. Abgrenzung

Maßgeblich: nicht die möglicherweise fehlerhafte Bezeichnung durch die Behörde, sondern der materielle Gehalt der Regelung, wie er durch Auslegung aus obj. Empfängersicht zu verstehen ist (§ 133 BGB analog)

- **Nebenbestimmung** ➲ Ausschluss oder Modifizierung bestimmter typischer, normalerweise mit dem VA verbundenen Rechtsfolgen
- **Hinweis** ➲ behördliche Erklärung ohne Setzung einer Rechtsfolge, Erläuterung der – ohnehin schon bestehenden – Rechtslage (s. dazu 🗗 20)
- **Inhaltsbestimmung** ➲ Beschränkung des Inhalts der Regelung eines VA
  ☞ genaue Bezeichnung der einzuhaltenden Dachform bei einer Baugenehmigung

II. Arten

⚠ Aufzählung in § 36 II VwVfG nicht abschließend (h.M.)!

⚠ Bezeichnung durch Behörde ist Indiz, maßgeblich ist materieller Regelungsgehalt nach Auslegung aus objektiver Empfängersicht (§ 133 BGB analog) – häufiges Klausurproblem!

Nebenbestimmungen zum VA (2)

II. Arten (Fortsetzung)

- **Befristung**, § 36 II Nr. 1 VwVfG
  - ➲ Abhängigkeit der Wirksamkeit des VA vom Eintritt eines gewissen Ereignisses (Zeitablauf)
  - – Aufschiebende Befristung: „ab wann"
  - – Auflösende Befristung: „bis wann"
- **Bedingung**, § 36 II Nr. 2 VwVfG
  - ➲ Abhängigkeit der Wirksamkeit des VA vom Eintritt eines ungewissen Ereignisses
  - – Ereignis ➲ von der Außenwelt wahrnehmbare Handlungen oder Geschehnisse
  - – **Auflösende** Bedingung: Rechtswirkungen des VA **enden** mit Eintritt des Ereignisses
  - – **Aufschiebende** Bedingung: Rechtswirkungen des VA beginnen mit Eintritt des Ereignisses
- **Widerrufsvorbehalt**, § 36 II Nr. 3 VwVfG
  - ➲ Möglichkeit der Behörde, die weitere Wirksamkeit des VA durch eine künftige Erklärung zu beenden
- **Auflage**, § 36 II Nr. 4 VwVfG
  - ➲ zusätzliches Tun, Dulden oder Unterlassen, das vom VA-Adressaten verlangt wird
- **Auflagenvorbehalt**, § 36 II Nr. 5 VwVfG
  - ➲ Festlegung von Voraussetzungen, unter denen die Behörde noch im Nachhinein durch Erlass, Änderung oder Ergänzung einer Auflage auf den Bestand des VA Einfluss nehmen kann

⚠ § 36 II Nr. 1-3 VwVfG = unselbstständige Nebenbestimmungen, kein VA! § 36 II Nr. 4 VwVfG = selbstständiger VA (h.M.); trotzdem Nebenbestimmung, da vom Bestand des HauptVA abhängig!

Nebenbestimmungen zum VA (3)

II. Arten (Fortsetzung)

- Häufiges Klausurproblem: Abgrenzung Bedingung – Auflage
  - Maßgeblich: nicht Bezeichnung, sondern materieller Gehalt (s.o. 🗗 71)
  - Primäres Abgrenzungskriterium: Soll unmittelbarer Einfluss auf die Wirksamkeit des VA bestehen?
    - Wenn (+): Bedingung
    - Wenn (–): Auflage

    ⚠ Merke: Die Bedingung suspendiert, zwingt aber nicht; die Auflage zwingt, aber suspendiert nicht!
  - Weitere Abgrenzungskriterien:
    - Auflage für Adressaten und Behörde günstiger (kein Einfluss auf Bestand des VA, selbstständig vollstreckbar)
    - Rechtmäßigkeit der Nebenbestimmung: Auflage, da Bedingung eher unverhältnismäßig

III. Rechtmäßigkeit

- Anforderungen/Voraussetzungen folgen i.d.R. aus **Spezialvorschriften**
  - Mit besonderen Voraussetzungen für Nebenbestimmungen (☞ § 5 I GastG, § 12 BImSchG)
  - Ohne besondere Voraussetzungen (☞ § 8 II 1, 2 FStrG)
- Im Übrigen:
  - § 36 I VwVfG für gebundenen VA: durch Rechtsvorschrift zugelassen/sicherstellen, dass gesetzliche Voraussetzungen des VA erfüllt werden = Ausräumen entgegenstehender Versagungsgründe
  - § 36 II VwVfG für Ermessens-VA: Beifügung steht im Ermessen
- Generell: Nebenbestimmung darf Zweck des VA nicht zuwiderlaufen (§ 36 III VwVfG) = muss sachbezogen und sachgerecht sein

Nebenbestimmungen zum VA (4)

IV. Rechtsschutz

Zulässigkeit

Statthafte Klageart

Anfechtungsklage	Verpflichtungsklage
(Isolierte) Aufhebung der Nebenbestimmung	(Neu-)Erlass des HauptVA ohne Nebenbestimmung

Abgrenzung str.

- Anfechtungsklage bei nachträglich erlassenen Nebenbestimmungen
- Im Übrigen maßgeblich: Nebenbestimmung vom HauptVA im logischen Sinne teilbar, h.M.

  Nur (–), wenn isolierte Aufhebung von vornherein und offensichtlich ausscheidet

Nebenbestimmungen zum VA (5)

IV. Rechtsschutz (Fortsetzung)

Begründetheit

1. Rechtmäßigkeit der Nebenbestimmung

Wenn (–)

2. **Materielle Teilbarkeit von Nebenbestimmung und HauptVA**, h.M.

(+), wenn HauptVA sinnvollerweise bestehen bleiben kann und weiterhin rechtmäßig ist

- Folge: isolierte Aufhebung der Nebenbestimmung
- Bei ErmessensVA str.
  - Materielle Teilbarkeit trotzdem (+), h.M.
  - Ggf. Aufhebung des RestVA gem. §§ 48, 49 VwVfG

(–), wenn HauptVA ohne Nebenbestimmung rechtswidrig oder sinnlos

- Anfechtungsklage unbegründet, h.M.
- Ggf. Auslegung als Verpflichtungsklage

Wirksamkeit des VA – Überblick

Verwaltungs-verfahren bis VA-Erlass

Bekanntgabe

➲ VA gelangt mit Bekanntgabewillen der Behörde so in den Machtbereich des Empfängers, dass unter gewöhnlichen Umständen mit der Kentnnisnahme zu rechnen ist

- Auslöser des Wirksamwerdens, § 43 I 1 i.V.m. § 41 VwVfG
- Inhalt: § 43 I 2 VwVfG
- Bekanntgabeformen:
  - Einfach, § 41 I, II, II a VwVfG
  - Öffentlich, § 41 III, IV VwVfG
  - Mittels Zustellung, § 41 V VwVfG i.V.m. VwZG

Nichtigkeit

- Gründe: § 44 VwVfG S. 78 ff.
- Folge: VA unwirksam, § 43 III VwVfG

Wirksamkeit des VA

VA bleibt nach § 43 II VwVfG wirksam, bis

- Aufhebung (§§ 48, 49 VwVfG)
- Anderweitige Aufhebung (§ 113 I 1 VwGO)
- Zeitablauf
  - Gesetzlich angeordnete Frist (☞ § 18 I Nr. 2 BImSchG)
  - Befristung (§ 36 II Nr. 1 VwVfG, s. 72)
- Anderweitige Erledigung

Wirksamkeit des VA – Fehlerfolgen im Überblick

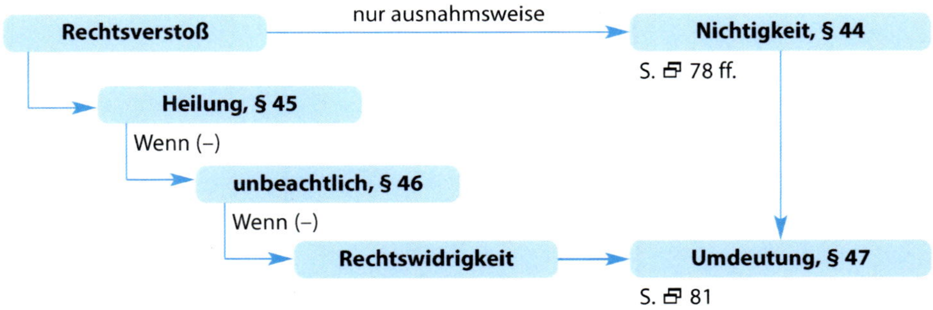

⚠ Unterscheide: Rechtswidrigkeit und Unwirksamkeit!

- Nicht jeder Rechtsverstoß führt zur Rechtswidrigkeit des VA (Heilung/Unbeachtlichkeit).
- Der rechtswidrige VA ist gleichwohl wirksam und deshalb vom Adressaten zu befolgen.
- Nur bestimmte Rechtsverstöße (§ 44 I, II VwVfG) führen zur Unwirksamkeit des VA, § 43 III VwVfG.

Nichtigkeit des VA (1)

I. Prüfungsreihenfolge

Zwingende Nichtigkeit, § 44 II VwVfG → Ausschlussgründe, § 44 III VwVfG → Generalklausel, § 44 I VwVfG

II. Zwingende Nichtigkeit, § 44 II VwVfG

- Abschließender Katalog in § 44 II Nr. 1–6 VwVfG
- Auswirkungen im Anschluss an den festgestellten Rechtsverstoß prüfen

⚠ Absolute Nichtigkeitsgründe; Vorliegen führt stets zur Nichtigkeit!

III. Ausschlussgründe, § 44 III VwVfG

- Abschließender Katalog von Verfahrensfehlern in § 44 III Nr. 1–4 VwVfG
- Führen selbst dann nicht nur Nichtigkeit, wenn sie schwerwiegend und offensichtlich sind

Nichtigkeit des VA (2)

IV. Generalklausel, § 44 I VwVfG

1. Vorliegen eines **Fehlers**, d.h. Rechtswidrigkeit des VA

   ⚠ „Fehler“ und „Rechtswidrigkeit“ werden synonym verwendet!

2. Fehler **besonders schwerwiegend**

   ➲ wenn der VA gegen tragende Verfassungsprinzipien verstößt oder den der Rechtsordnung immanenten Wertvorstellungen so sehr widerspricht, dass es unerträglich wäre, wenn der VA die mit ihm bezweckten Rechtswirkungen hätte

3. Fehler **offensichtlich**

   - Begriff: ➲ wenn der schwerwiegende Fehler für einen mit den Gesamtumständen vertrauten, verständigen Beobachter ohne Weiteres ersichtlich ist, d.h. sich geradezu aufdrängt (Fehler muss dem VA „auf die Stirn geschrieben“ sein)

     ☞ schwere Fehlerhaftigkeit lässt sich ohne juristische oder sonstige Fachkenntnisse feststellen

   - Bezugspunkte:
     - Tatsächliche Umstände, die zu dem Fehler führen
     - Rechtliche Würdigung der Schwere des Fehlers

V. Besonderheit: teilbarer VA

- Grundsatz: Teilnichtigkeit, § 44 IV VwVfG
- Ausnahme: Gesamtnichtigkeit, wenn nichtiger Teil so wesentlich, das gesetzestreue Behörde objektiv VA ohne den nichtigen Teil nicht erlassen hätte

Nichtigkeit des VA – Rechtsschutz

Behörde

Feststellung der Nichtigkeit

- von Amts wegen, jederzeit möglich, § 44 V Hs. 1 VwVfG
- auf Antrag bei berechtigtem Interesse des Antragstellers, § 44 V Hs. 2 VwVfG
  - Antragsteller muss nicht Beteiligter (§ 13 VwVfG) sein; sachlicher Bezug zum VA genügt
  - Berechtigtes Interesse: rechtlich, wirtschaftlich, ideell und alle vergleichbaren Interessen

⚠ Feststellung ist (feststellender) VA!

↑

Verpflichtungsklage

Verwaltungsgericht

Anfechtungsklage

- Eigentlich ausgeschlossen, da nichtiger VA nicht aufhebbar
- Aber: Anfechtungsklage gleichwohl möglich, vgl. § 43 II 2 VwGO
  - Für Bürger nicht erkennbar, ob VA „nur" rechtswidrig oder nichtig
  - Deshalb: **Wahlrecht** zwischen Anfechtungs- und Feststellungsklage

Feststellungsklage

- Nichtigkeitsfeststellungsklage, § 43 I Alt. 2 VwGO
- Kein Konkurrenzverhältnis zur behördlichen Nichtigkeitsfeststellung

Umdeutung eines fehlerhaften VA

I. Voraussetzungen, § 47 VwVfG

1. **Fehlerhafter VA:** Rechtswidrigkeit oder Nichtigkeit
2. Neuer VA auf das **gleiche Ziel** gerichtet: gleiche materiell-rechtliche Tragweite, wie sie der fehlerhafte VA hätte
   - Lebenssachverhalt muss identisch sein
   - Rechtsfolge muss im Wesentlichen identisch sein
3. Neuer VA formell und materiell **rechtmäßig**
4. **Kein Ausschluss**, § 47 II VwVfG
   - Neuer VA widerspräche der erkennbaren Absicht der erlassenden Behörde, § 47 II 1 Alt. 1 VwVfG
   - Rechtsfolgen für den betroffenen ungünstiger als die des ursprünglichen VA (Schlechterstellungsverbot), § 47 II 1 Alt. 2 VwVfG
   - Rücknahme ausgeschlossen, § 47 II 2 i.V.m. § 48 VwVfG
   - Gebundene Entscheidung müsste in eine Ermessensentscheidung umgedeutet werden, § 47 III VwVfG

II. Befugnis zur Umdeutung

- Ausgangsbehörde und Widerspruchsbehörde
- Verwaltungsgericht, h.M.

Skripten zum Öffentlichen Recht

Stand: September 2021

▪ **Staatsorganisationsrecht**	19. Aufl. **2021**	**20,90 €**
▪ **Grundrechte**	20. Aufl. **2021**	**20,90 €**
▪ **Europarecht**	14. Aufl. **in Überarbeitung**	
▪ **Verwaltungsrecht AT 1**	18. Aufl. **2019**	**19,90 €**
▪ **Verwaltungsrecht AT 2**	16. Aufl. **2019**	**20,90 €**
▪ **VwGO**	10. Aufl. **2021**	**20,90 €**
▪ **Öffentliches Baurecht**	10. Aufl. **2020**	**17,90 €**
▪ **Kommunalrecht NRW**	12. Aufl. **2020**	**20,90 €**

KK

Karteikarten von Alpmann Schmidt –
Examenswissen kompakt, ko

Inhalt:

- Grundbegriffe des Verwaltungsrechts
- Grundlagen des Verwaltungsrechts
  - Abgrenzung zwischen Privatrecht und öffentlichem Recht
  - Gesetzmäßigkeit der Verwaltung
  - Arten des Verwaltungshandelns
- Der Verwaltungsakt
- Rechtmäßigkeit des Verwaltungsakts
  - Verwaltungsverfahren, insbes. Anhörung
  - Formelle Fehler und ihre Folgen (Heilung, Unbeachtlichkeit)
  - Allgemeine Rechtmäßigkeitsvoraussetzungen, insbes. Verhältnismäßigkeit
  - Ermessen und Ermessensfehler
- Nebenbestimmungen zum Verwaltungsakt
- Nichtigkeit eines Verwaltungsakts

ISBN: 978-3-86752-744-6
9 783867 527446
€ 11,90